象棋攻杀破防
一本就够

聂铁文　刘俊达　刘海亭　编著

化学工业出版社
·北京·

图书在版编目（CIP）数据

象棋攻杀破防一本就够/聂铁文，刘俊达，刘海亭
编著．—北京：化学工业出版社，2024.2
ISBN 978-7-122-44566-7

Ⅰ.①象… Ⅱ.①聂… ②刘… ③刘… Ⅲ.①中国象
棋-对局（棋类运动）Ⅳ.①G891.2

中国国家版本馆CIP数据核字（2023）第237235号

责任编辑：杨松淼　　　　　　　　　装帧设计：张　辉
责任校对：李露洁

出版发行：化学工业出版社（北京市东城区青年湖南街13号　邮政编码100011）
印　　装：高教社（天津）印务有限公司
710mm×1000mm　1/16　印张11　字数200千字　　2024年2月北京第1版第1次印刷

购书咨询：010-64518888　　　　　　售后服务：010-64518899
网　　址：http：//www.cip.com.cn
凡购买本书，如有缺损质量问题，本社销售中心负责调换。

定　　价：59.80元

前　言

　　象棋是以擒拿对方将（帅）为目的的棋战，相（象）和仕（士）是防守类兵种，在保护己方将（帅）的安全上，发挥着至关重要的作用。实战过程中，如若能有效地破除对方的防守子力，使对方将（帅）暴露，则可获得更多战胜对方的机会。

　　象棋攻杀破防是依破相（象）、杀仕（士）从而取势或入局的战术技法而言。在扑朔迷离的局面中敏锐捕捉到稍纵即逝的战机，破除对方的防御力量从而使对方门户大开，再有效组织己方攻势并最终赢得棋战胜利，这是检验棋手攻杀能力的重要标准。

　　《象棋攻杀破防一本就够》的所有例局均选材于实战，从20世纪50年代至今的众多职业高手之间的对局均有收录。我们从各项职业赛事中，精选了200个实战例局，为读者展现了不同时期的名手，用不同兵种破除对方防守子力从而顺利入局的精妙构思，并加以解析和评述，力求使读者能较为系统地学习这一战术技巧，并能在实战中加以灵活运用，从而达到提高象棋攻杀水平的目的。

　　在本书的编写过程中提供过帮助的，有象棋特级大师王琳娜，象棋大师张影富、何伟宁、张梅、张晓霞、刘丽梅，以及张弘、毛继忠、陈建世、崔卫平、辛宇、李永发、张德义、张桂娟、姜学丰、王刚、慕伟刚、杨铁书、黄万江、聂雪凡、王君庆、刘颖等，在此一并表示衷心的感谢！

编著者

2024 年 1 月

目 录

第一部分　破相（象）篇

相（象）是九宫大门，失掉相（象）则门户易出现漏洞，攻方有机可乘。在缺相（象）的情况下，以炮攻之，常令对方捉襟见肘，故而棋谚云"缺相（象）怕炮攻"。在象棋战斗中，巧用破相（象）的攻杀，是夺势或者取胜的一种常用战术。兵（卒）、马、炮、车四种子力均可作为破相（象）的攻击子力，即使牺牲掉杀相（象）的子力也可达到摧毁对方防御的屏障，突破对方防线的战术目的，为全面进攻、控制局面创造有利的条件。

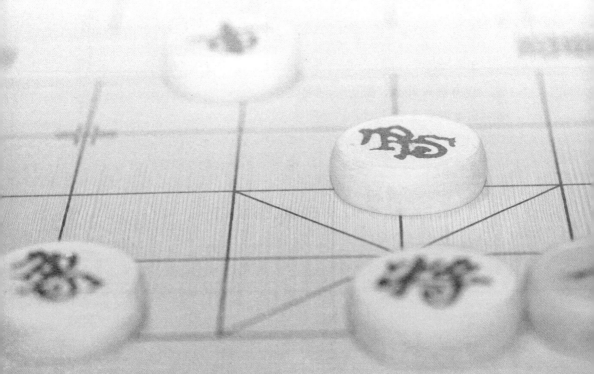

第一章 兵（卒）破相（象）

【第1局】

如图 1-1，红方先行。这是全国象棋个人赛中李义庭对刘忆慈弈成的形势。实战中红方紧握战机冲兵破象，然后以六子联攻之势巧妙获胜。

① 前兵进一

红方冲兵破象，已是胜利在望了。

①……　　　象 3 进 5

② 车二进三

红方进车好棋，是上一回合冲兵破象的后续手段。

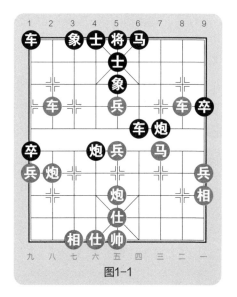

图1-1

②……　　　车 1 进 2　　　③ 炮八平五　　车 6 退 2

④ 兵五进一　　炮 4 退 4　　　⑤ 兵五进一　　炮 7 退 2

⑥ 马三进二

红方六子联攻，令黑方防不胜防，黑方认负。

【第2局】

如图1-2，红方先行。这是七省市象棋邀请赛中李义庭对季本涵弈成的形势。盘面上红方虽少一大子，但红兵已入要地，各子均占攻击位置。实战中红方利用先行之利，舍兵搏象，进攻势如破竹，一气呵成取得胜利。

①兵五进一

红方舍兵搏象，既破对方藩篱，又为车控制帅门创造条件。"明修栈道，暗度陈仓"，特级大师李义庭勇于搏杀的棋艺风格由此可见一斑。

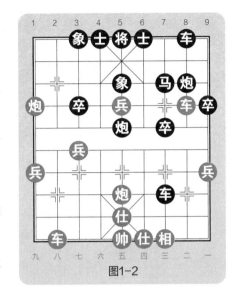

图1-2

①……　　　炮8平5　　②车二平六

红方平车占据肋道，准备侧袭取势，实战中弈来十分紧凑有力。

②……　　　士6进5

黑方如改走后炮进5兑炮，则相三进五，车8进8，帅五平六，士6进5，炮九进三，车8平6，车八进九，将5平6，炮九平七，将6进1，炮七退一，将6退1，车八退二，车6退6，车六进三，红方胜定。

③炮九进三　车8进6　　④车八进九　将5平6

⑤车六平四　后炮平6　　⑥炮九平七　将6进1

⑦炮七退一　士5进4

黑方如改走将6退1，则车八平六，士5退4，车四进一，红胜。

⑧车八平六

黑方不敌红方双车双炮的猛烈攻势，遂停钟认负。

【第3局】

如图 1-3，红方先行。这是象棋邀请赛中杨官璘对蔡文钩弈成的形势。实战中红方弃马冲兵搏象，杀法如水银泻地，轻松取胜。

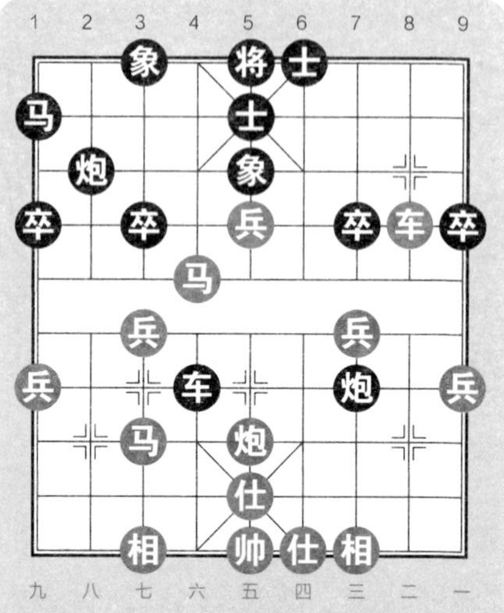

① 兵五进一

红方弃马冲兵搏象，对黑方九宫发起猛烈的攻击，令黑方防不胜防。

①……　　　　车4退2

黑方如改走象3进5，则马六进五，红方亦大占优势。

② 兵五进一　将5平4

图1-3

黑方如改走将5进1，则马七进五，红方得车。

③ 车二进三　车4平6　　④ 马七进六　车6退1

⑤ 炮五平六　炮7平4　　⑥ 马六进七　炮4平5

⑦ 相七进五　马1进3　　⑧ 马七退六

红方退马叫将，构成"借炮使马"的巧妙杀局，以下红方纵横盘环，极尽其妙。

⑧……　　　　炮5平4　　⑨ 马六进五　炮4平3

⑩ 马五进六　炮3平4　　⑪ 马六退八　炮4平5

⑫ 马八进七　马3退5　　⑬ 马七退六　车6平4

⑭ 车二平四　将4进1　　⑮ 马六进八

黑方如接车4进4，则车四平六杀，红胜。

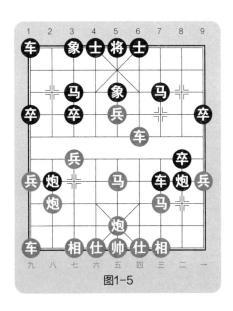

【第4局】

　　如图1-4，黑方先行。这是全国象棋团体赛中付光明对曹霖弈成的形势。黑方利用双车炮卒集于一翼的优势，冲卒破相一气呵成，妙手成杀。

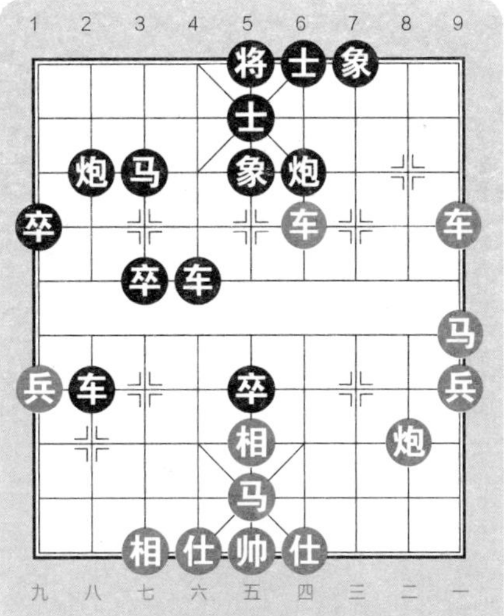

　　①……　　　　卒5进1

　　黑方冲卒破相，一击中的！

　　②马五进七

　　红方如改走相七进五吃卒，则车4进4，马五退三（如炮二退一，也是车2平4），车2平4，仕六进五，炮2进7，仕五进六，后车平3，黑方胜定。

　　②……　　　　卒5平4　　　③马七退九　　车2平5

　　④仕四进五　　卒4进1　　　⑤炮二退二　　车5进2

　　黑方弃车杀仕，一锤定音！红方如接走仕六进五，则炮2进7，仕五退六，车4平5，黑胜。

图1-4

【第5局】

　　如图1-5，红方先行。这是省港澳埠际赛中杨官璘对陈志文弈成的形势。实战中，红方冲兵破象，在中路展开了猛烈的攻击，使黑方难以抵御。

　　①兵五进一

图1-5

红方冲兵破象，从中路突破，是取胜的紧要之着。

①……	炮8平5	②马三进五	车7平5
③车四进二	士4进5	④兵五平六	象3进5
⑤车四平三	车5平4	⑥车三平五	炮2退4
⑦炮八平三	卒8平7	⑧车九进二	炮2进7

⑨车五进一

红方弃车杀士，入局干净利落。

| ⑨…… | 将5进1 | ⑩车九平五 | 将5平6 |

⑪车五平四

以下黑方只有将6平5，则相三进五，车4平5，炮五进二，红方胜定。至此，黑方主动认负。

【第6局】

如图1-6，红方先行。这是"五羊杯"冠军赛中胡荣华对柳大华弈成的形势。双方呈对攻之势，实战中红方以兵破象，强行突破，妙手取胜。

①兵五进一

红方冲兵破象，是取势的有力之着。

①…… 炮9进3

②帅五平四

红方出帅，有惊无险，正确的选择。

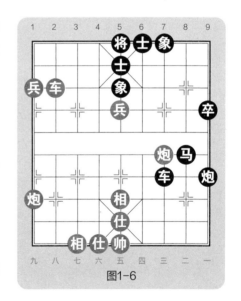

图1-6

②……	士5退4	③炮九平七	车7平5
④兵五平四	车5平6	⑤帅四平五	车6退1
⑥炮七进七	士4进5	⑦车八进二	

红方沉底车，伏炮七平四抽车的手段，黑方顿感难应。

⑦……　　　　车6退3　　　⑧炮三平五

红方平中炮叫将，一锤定音，逼黑方出将后，构成巧妙杀局。

⑧……　　　　将5平4　　　⑨炮七退八　将4进1

⑩炮五平六　车6进4　　　⑪炮六退二

以下黑方如接走士5退4（如士5进6，则车八平五），则车八退一，将4进1，车八退四捉死马（伏平中车的杀棋），黑方认负。

【第7局】

如图1-7，红方先行。这是"哈尔滨杯"象棋大师邀请赛中刘殿中对蒋志梁弈成的形势。实战中红方弃马平兵吃象，然后再舍炮轰象，一鼓作气攻破黑方城池。

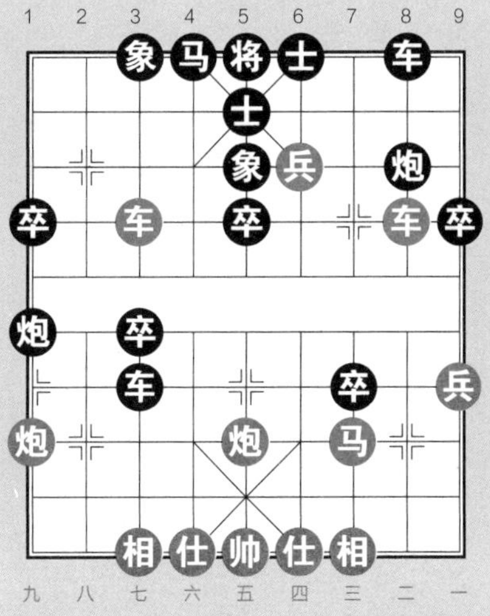

①兵四平五　象3进5

②炮五进五

红方连续破象，是迅速入局的凶悍着法。

②……　　　　士5进6

黑方如改走马4进5，则车七进三，士5退4，车二平五，士6进5，车五进一，车8进1，炮九进四，红方胜定。

图1-7

③炮五平二　卒7进1　　　④车七平五　士6进5

⑤炮九平五　卒7平6　　　⑥炮五进六　马4进3

⑦炮五平二　马3进5　　　⑧车二平五　将5平6

⑨后炮进二　炮1进1　　　⑩兵一进一

红方下一手平边炮叫杀，黑方无法解拆，遂停钟认负。

【第8局】

如图1-8，红方先行。这是全国象棋个人赛中吕钦对钱洪发弈成的形势。实战中红方舍兵搏象，车马炮联攻取胜。

① 兵五进一

红方舍兵搏象，着法凶悍有力！

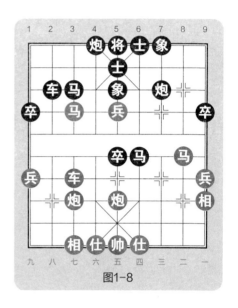

图1-8

① …… 马6进5

② 相七进五 车2进2

③ 马二进一 炮7平9

④ 车七平三

红方平车捉象，是取胜的关键之着。

④ …… 炮4进3

黑方如改走车2平3捉双，则相五进七打车，车3进1，炮七平三，象7进5，马七进五，红方胜势。

⑤ 炮七进五 炮9平3　　⑥ 兵五进一 将5进1

⑦ 车三进六 车2平6　　⑧ 车三退三 炮4平9

⑨ 车三平一 卒5平6　　⑩ 车一平五 将5平6

⑪ 马七进五

至此，黑方认负。以下黑方如士6进5，则车五平七捉双，黑方丢子。

【第9局】

如图1-9，红方先行。这是全国象棋团体赛中柳大华对郑兴年弈成的形势。红方弃子取势，车马炮兵占位极佳，此时通过中兵破象打开缺口。

①兵五进一

红方冲兵破象，入局妙手！

①……　　　　　象 3 进 5

黑方如改走炮 7 平 5，则马六进七，将 5 平 6，炮七进八，将 6 进 1，车二进五，红胜。

②马六进七　将 5 平 6

③马七退五

红方退马吃象伏杀，好棋！

③……　　　　　卒 7 进 1

④炮七进八　　将 6 进 1

⑤车二进五　　炮 7 退 1

⑥车二退一　　车 6 平 5

⑦车二平一

以下黑方如续走车 5 退 3，则车一平三，红方胜定。

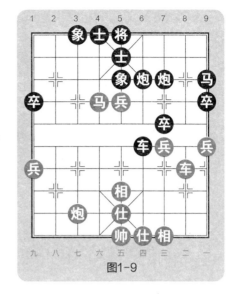

图1-9

【第10局】

如图 1-10，红方先行。这是全国象棋个人赛中于幼华对黄仕清弈成的形势。双方子力相当，且车马炮三子均伏攻势。实战中红方紧握先机，冲兵破象以车马炮三子联攻之势捷足先登。

①兵五进一

红兵破象，先发制人，有力之着！

①……　　　　　象 3 进 5

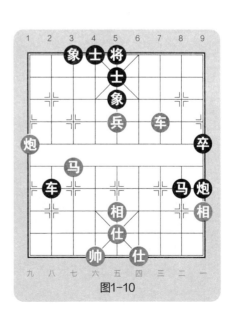

图1-10

黑方如改走马8退6，则车三进三，士5退6，马七进五，士4进5，兵五进一，将5进1，车三退一，将5进1，车三平四，红方胜定。

②马七进八　　车2平4　　　③帅六平五　　士5进6

④炮九平六

红炮拦截黑车，掩护红马卧槽顺利展开攻势，好棋！

④……　　　　车4平7　　　⑤马八进七　　将5进1

⑥炮六平五　　将5平6　　　⑦炮五平四　　将6平5

⑧相五进三　　将5平4

黑方如改走马8进7，则炮四退四，将5平4，车三平六，将4平5，帅五平六，红胜。

⑨车三平六　　将4平5　　　⑩车六进三　　象5进3

⑪马七退六　　将5进1　　　⑫车六平五

黑方如接走将5平4，则炮四平六，红胜。

【第11局】

如图1-11，黑方先行。这是全运会团体决赛中蒋全胜对刘殿中弈成的形势。炮高卒士象全对仕相全虽是可胜残局，但也颇具难度。实战中黑方卒换双相，转换成简明必胜残局。

①……　　　　卒5进1

黑方弃卒换相，算定一卒换一相后必可再得一相，形成必胜残局，巧妙之着。

②相七进五　　炮3平6

③帅四平五　　炮6平5

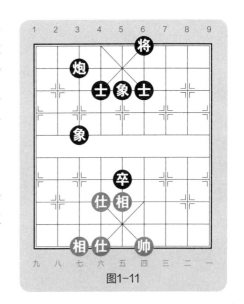

图1-11

④帅五进一　将6平5

红方如接走帅五平四，则炮5进6，黑方得相胜定。

【第12局】

如图1-12，黑方先行。这是"五羊杯"冠军赛中柳大华对徐天红弈成的形势。实战中黑方冲卒破相，控盘取胜。

① ……　　　卒5进1

黑方冲卒破相，形成车炮卒可胜车炮双仕的残局，是简明有力的走法。

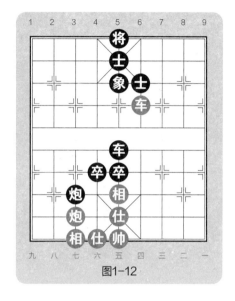

图1-12

②相七进五　车5进2

③车四退三　卒4平5

④车四平二　炮3退1

⑤车二进六　士5退6

⑥车二退五　卒5平6　　　⑦车二平四　卒6平7

⑧车四进三　士6进5　　　⑨车四退五　车5退3

⑩车四进二　卒7进1　　　⑪车四退一　炮3退3

⑫炮七进二　炮3平1　　　⑬炮七平九　卒7进1

⑭炮九退二　炮1平3　　　⑮炮九平七　卒7进1

黑卒冲入底线禁帅，实战中弈来甚是精彩！

⑯炮七进一

红方如改走车四平三，则炮3平5，黑方亦胜势。

⑯ ……　　　象5进7　　　⑰车四平八　士5退4

⑱车八平九　炮3退1　　　⑲车九进三　炮3进4

⑳车九平二　车5进3　　　㉑炮七退一　炮3平9

㉒车二平一　炮9平8　　　㉓车一平二　炮8进3

红方如走车二退六，则卒 7 平 8，形成车底卒必胜炮双仕的残局，红方认负。

【第 13 局】

如图 1-13，红方先行。这是首届"少林汽车杯"全国象棋八强赛中李来群对聂铁文弈成的形势。实战中红方抓住黑方的错漏，弃兵吃象演成巧妙的杀局。

① 兵五进一

红方弃兵吃象，入局妙着！

①……　　　象 3 退 5

黑方如改走炮 7 进 1，则兵五进一，士 6 进 5，车六进五杀。

② 仕五进四　炮 7 平 5

③ 仕四进五（红方得子胜定）

图1-13

【第 14 局】

如图 1-14，红方先行。这是全国象棋个人赛中陶汉明对李艾东弈成的形势。实战中红方紧握战机，冲兵破象，使对方阵势散乱，从而巧妙地取得了胜利。

① 兵五进一

红方冲兵破象，果断有力，是取胜的紧要之着。如改走兵三平四，则马 1 进 2，兵四进一，

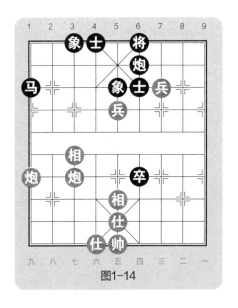

图1-14

将6进1，炮九平四，马2进3，红方难有作为。

①……　　　　象3进5　　②兵三平四　　炮6平3

黑方如改走马1进2，红方可炮九进六解围。

③炮九平四　将6平5　　④炮七平五　炮3平5

⑤炮五平八　象5进7　　⑥炮四平五　象7退5

⑦炮五平一　象5进7　　⑧炮八平五　炮5平8

黑方如改走象7退5，则炮五平二，黑方亦难应。

⑨兵四进一　炮8进5　　⑩炮一进三　炮8退3

⑪炮五进三　马1进3　　⑫炮一退二　炮8退1

黑方如改走炮8进2，则炮五平二，红方亦是胜势。

⑬炮一平四

红方下伏退炮绝杀的手段，黑方难以解拆，遂停钟认负。

【第15局】

如图1-15，红方先行。这是"三桥杯"全国象棋精英赛中陶汉明对柳大华弈成的形势。实战中红方冲兵底线破象，巧妙地扩大了优势，最后以车炮双马四子联攻抢先入局。

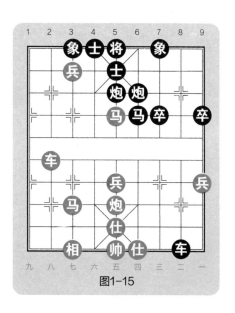

图1-15

①兵七进一

红兵底线破象，着法实惠，构思精巧！以下伏车八平六，再帅五平六破士的手段，是迅速扩大优势的简明有力之着。

①……　　　　车8退5

②车八平六　炮6平8　　③帅五平六

红方出帅，紧凑有力之着！

③……　　　　车8平2　　　④兵七平六　士5退4

⑤车六进五　将5进1　　　⑥车六退一　将5退1

⑦车六平二

红方平车捉炮，攻不忘守，老练之着。

⑦……　　　　卒7进1　　　⑧车二进一　将5进1

⑨仕五进六　炮5平4　　　⑩帅六平五　象7进5

⑪仕四进五　卒7进1　　　⑫车二平四　马6进8

⑬马五进七　车2平3　　　⑭前马进六　将5平4

⑮马六退八　将4平5　　　⑯马七进六　马8进6

⑰炮五进五

红方炮轰中象，胆大心细之着。黑方如接走车3退3捉马，则炮五退三，红方亦抢攻在先。

⑰……　　　　马6退4　　　⑱马六进四　马4退5

⑲马四进五　车3进5　　　⑳仕五退六　将5进1

㉑帅五平四　车3退8

黑方如改走炮8退1，则车四退三，红方亦胜势。

㉒马八退七

黑方如接走炮4进1（如车3进2，则车四平五杀），则车四退二，将5退1，车四进一，将5退1，车四平七，红方得车胜定。

【第16局】

如图1-16，黑方先行。这是全国象棋团体赛中杨官璘对胡荣华弈成的形势。实战中黑方抓住红方在布局中的失误，一车换双后，双马盘头中卒直冲，锐不可当，使红方疲于防守。

①……　　　　卒5进1

黑方冲卒破相，使红方疲于防守，简明有力。

②相七进五　马5进4　　　③车九平六　马7进5

④车二平六　炮2进2　　　⑤马三进四　炮2平6

⑥兵七进一　卒7进1

黑方挺卒邀兑，开通马路，正着。如误走马4进6，则前车平四，以下黑方如车4进6，则仕五进六，炮6进2，马四进五，红方反夺优势。又如炮6进2，则马四进五（如车六进六，炮5进5，仕五进四，马5退4，黑方多子占优），车4平8（如车4进6，仕五进六，红方优势），兵七平六，对攻中红方易走。

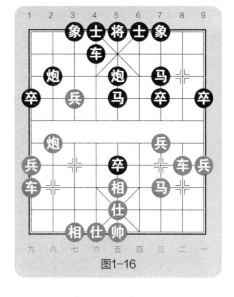

图1-16

⑦炮八进三　炮5退1

黑方退炮，保持变化。也可以改走卒7进1，则炮八平五，卒7平6，炮五平六，卒6平5，也是黑方优势。

⑧兵三进一　马5进7　　　⑨马四退二　炮6平2

⑩帅五平四　马7进8　　　⑪前车进一

红方如改走前车平二吃马，则炮5进2，黑方亦胜势。

⑪……　　　　炮2平6

黑方平炮伏杀，精妙！

⑫炮八退六　炮5进2　　　⑬前车进一　炮6退2

⑭前车进二　炮5退1　　　⑮前车退二　马8退6

⑯前车平四　马6进7　　　⑰帅四平五　车4平8

平车促成绝杀，黑胜。

【第17局】

如图1-17，黑方先行。这是全国象棋个人赛中童本平对卜凤波弈成的形势。双方子力相当，而黑方子力集中在中路，更容易组织攻势。实战中黑方弃车入局，杀法颇为精彩！

①……　　　车2平4

②马六进八　车4进3

黑方驱逐红马后，车塞相眼，击中红方要害！

③炮二退一　卒5进1

中卒破相，弃车成杀，杀法果断！

④炮二平六　卒5进1

⑤帅五平四

红方如帅五进一，则马6进5，黑胜。

⑤……　　　炮4平6

⑥车二平四　马6进8

红方以下如续走车四进三，则马8进7杀。红方认负。

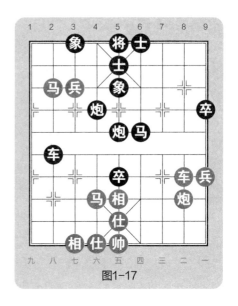

图1-17

【第18局】

如图1-18，红方先行。这是全国象棋团体赛中聂铁文对洪智弈成的形势。在中局纠缠中，红方采用中路突破的正确战略，把控全局而取胜。

①兵五进一

红方中兵渡河，从中路开展攻势，思路正确。

①……　　　卒3进1

黑方欲与红方对抢先手。如改走卒5进1，则炮五进四，象3进1，炮五退一，车1退1，车

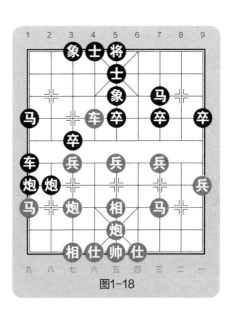

图1-18

六平八，黑方难应。

②兵五进一　卒3进1　　③马九进七

红方舍马换卒，判断准确！

③……　　炮1平3　　④兵五进一

红方中兵杀象，吹起进攻的号角！

④……　　　象3进5　　⑤车六平七　炮3退2

黑方如象5进3，则车七平八，黑方难应。

⑥炮五进六　士5进4　　⑦炮五退四　炮2平3

⑧车七平五　将5平6　　⑨车五平四　将6平5

⑩炮七平六

红方进攻次序井然，此时虽少一子，但空头炮威力强大，明显好走。

⑩……　　　车1平4　　⑪仕四进五　马1进2

⑫车四平五　将5平6　　⑬车五平四　将6平5

⑭车四平五　马7退5

黑方如将5平6，则车五平四，将6平5，相五进七！将5进1，帅五平四（车四平八，炮3平2），炮3退3，车四平五，将5平4，车五进一，红方胜势。

⑮车五平七　后炮平5　　⑯车七退三

红方夺回一子，获得大优局面。

⑯……　　　车4平5　　⑰炮五进二　车5退1

⑱相五进七　车5平4　　⑲炮六平五

黑方难以应付，投子认负。

【第19局】

如图1-19，黑方先行。这是第十六届亚洲运动会象棋选拔赛中吕钦对蒋川弈成的残局形势。盘面对比，黑方仅多一个卒。但在实战中黑方在时机来临之时果断以卒破相，取得胜局。

①……　　　　　卒 5 进 1

黑方子力位置极佳，以卒破相，发起总攻。

②相三进五　　马 6 进 5

③炮一平三　　炮 7 平 4

④帅六平五

红方如改走炮九平六，则马 5 进 7，炮六进七，马 7 退 9 捉死马，黑方得子。

④……　　　　　马 5 退 6

⑤炮三平一　　马 6 进 8

至此，红方认负。以下如走炮一平四，则炮 4 平 8，炮四平二，马 8 进 6，炮二平四，炮 8 平 7，帅五平六，炮 7 进 8，黑胜。

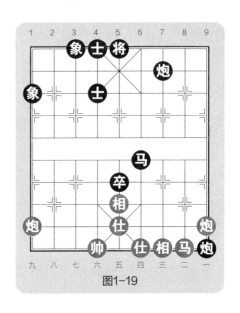

图1-19

【第20局】

如图 1-20，红方先行。这是全国象棋甲级联赛中赵国荣对王斌弈成的盘面。双方车马兵仕相全对车炮卒士象全，子力完全相等，正常本应是和棋。实战中红方针对黑方棋形不稳的弱点加紧攻势，中兵破象，黑方无奈败下阵来。

①马三进四　　炮 1 退 5

红方进马咬住黑方高士，使黑方双士进退两难，颇为尴尬。

②车八平二　　炮 1 平 2

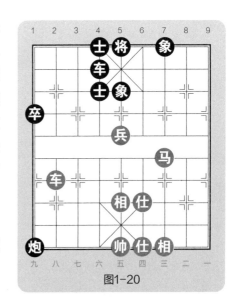

图1-20

红方调车右翼攻敌之虚，紧着！黑方如士4进5，则马四进三，将5平4，马三退五白吃黑象。黑方不敢象吃马，否则红方可底线将军杀棋。

③车二进六　炮2退2　　④兵五进一　车4平9

红方车马兵来势汹汹，黑方慌乱之中走出败着。此时应走士4进5，则马四进三，将5平4，兵五进一，士5退6，车二平三，车4平7！车三退一，炮2平5，帅五平六，炮5退1！下一回合黑方再炮5平4，即可形成炮双士对单车的定式和棋。

⑤兵五进一

机不可失，红方果断冲兵破象。

⑤……　　　炮2平5　　⑥相五退七　将5平6

红方退相精妙！黑方如应以士4退5，则车二平三，士5退6，车三退二，黑方丢炮。

⑦车二平三　将6进1　　⑧马四进二　将6平5

⑨车三平六　车9进2　　⑩马二进三　将5平6

⑪车六退一　将6退1　　⑫车六退一

黑方士象尽失，红方形成车马仕相全对车炮的必胜残局。

⑫……　　　车9平5　　⑬帅五平六　卒1进1

⑭马三退一　车5进1　　⑮马一退三　将6进1

⑯车六退一　车5平7　　⑰车六进二　将6进1

⑱马三退一（红方胜定）

【第21局】

如图1-21，红方先行。这是"碧桂园杯"全国象棋冠军邀请赛中许银川对孙勇征弈成的形势。双方子力相当，红方双车位置不错，如何驱马助战成为扩先夺势的关键。实战中红方抓住黑方的弱点，精准打击，短短几回合内便锁定胜局。

①马五进六　车3进3

红方窝心马跳出凌空一击，让对手猝不及防。黑车在巡河线承担着护马的重任，此时却不得不离开。

②兵五进一　象7进5

③马六进五

红方中兵破象，马进中路，杀机四伏，是整个战术组合的精华所在！

③……　　　车3退7

黑方此时如走车3平4，则车四退一，炮6平8，车八进六，车4退7，车八平六，将5平4，车四进一，黑方虽不会速败，但局面相差很多，红方大优。

④车四进一

至此，黑方认负。以下黑方如走士5进6吃车，则马五进四挂角马成杀。

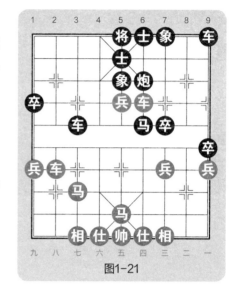

图1-21

【第22局】

如图1-22，红方先行。这是"财神杯"快棋赛中孟辰对郑惟桐弈成的形势。实战中，红方针对黑方车马炮位置不佳的弱点，突发冷箭，弃子抢攻，车炮配合作杀获得胜利。

①前兵进一

红方突发冷箭，中兵破象，弃子抢攻，令黑方猝不及防。

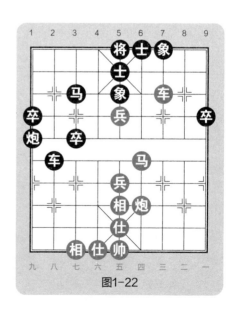

图1-22

①……	车2平6	②炮四平三	士5退4
③炮三进七	士6进5	④炮三平二	马3进4
⑤车三进二	士5退6	⑥后兵进一	车6平8
⑦前兵平四	车8退4	⑧兵五进一	将5进1

黑方上将无奈。此时已不能再逃黑马，否则红方兵四进一后，车8平6，车二退一，将5进1，炮二退一，黑方丢车败定。

⑨兵五平六	炮1平4	⑩车三退四	炮4退2

黑方如改走车8退1吃炮，则车三平五，将5平4，车五平六，将4平5，车六平五，将5平4，兵四平五绝杀，红胜。

⑪车三平五	将5平4	⑫车五平七	车8进8
⑬仕五退四	将4平5	⑭车七进三	炮4退1
⑮炮二平六	车8退7	⑯车七退一	将5退1
⑰炮六平八	炮4平9	⑱兵四平五	将5平4
⑲炮八退二	车8进1	⑳兵五平六	炮9平5
㉑仕六进五	炮5退1	㉒车七进一	车8平4
㉓车七平六（红胜）			

【第23局】

如图1-23，红方先行。这是全国象棋甲级联赛中蒋川对才溢弈成的形势。红方中兵过河，具有优势。实战中红方采用中路攻势，以兵破象，打开胜利之门！

①马五进三　炮4平7

②兵五进一

红方兑子后，中兵挺进，随时可以破象，着法简明有力！

②……　　　马2进3

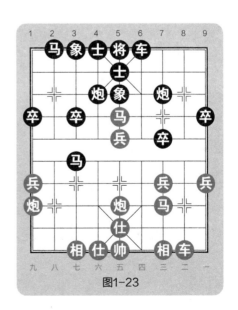

图1-23

③车二进四　卒3进1　　④兵五进一

红方中兵破象，吹响了冲锋的号角。

④……　　　象3进5　　⑤炮九平七　前马进1

⑥炮七平八　马1退2

黑方如改走马1退3，则炮八进五，黑方难以招架。

⑦马三进五　车6进6　　⑧车二进五　炮7退2

⑨炮五进五

红方炮轰孤象，黑方城池顷刻间土崩瓦解。

⑨……　　　士5退6　　⑩车二平三　车6平5

⑪炮八平五　马2进3　　⑫车三退四　后马进4

⑬前炮退二

红方退炮，夺取优势的佳着。

⑬……　　　将5进1　　⑭车三进三　将5进1

黑方如改走将5退1，则前炮平二，马3进5，炮二进四，士6进5，车三进一，士5退6，相三进五，红方胜势。

⑮车三退二　马3进5　　⑯炮五退三　车5平6

⑰车三平五　将5平6　　⑱车五退一　马4进5

黑方如改走马4进3，则炮五平四，车6平7，炮四退二，也是红胜。

⑲炮五平四　车6平7

⑳炮四退二（黑方认负）

【第24局】

如图1-24，红方先行。这是第四届"磐安伟业杯"全国象棋公开赛中谢业枧对茹一淳弈成的形势。黑方在红方底线已经形成车炮闷宫之势，红方似岌岌可危。

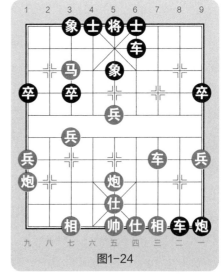

图1-24

实战中红方中兵突袭，扭转乾坤。

①兵五进一

红方中兵勇往直前，反客为主，对攻中决定胜负的好棋！

①……　　　车6进4

黑方如改走士6进5，则兵五进一，象3进5，炮九进四绝杀，红胜。黑方另如走士4进5，则炮九进四，红方亦是胜势。

②兵五进一　　车6平5　　　③兵五平六　　象3进5

④兵六进一　　士4进5　　　⑤炮九进四

红方下一步有炮九进三沉底炮的绝杀手段，黑方认负。

【第25局】

如图1-25，红方先行。这是"新泰杯"全国象棋大师公开赛中韩俊霄对苗利明弈成的形势。双方实力相当，红方利用黑方前方车炮位置不佳，后方空虚的弱点，果断用兵破象，迅速取胜。

①车六平五

红方平中车准备以兵破象，着法简明有力！使黑方防不胜防！

①……　　　士5退4

②兵五进一　　象3进5

③车五进五　　士6进5

④仕五进六

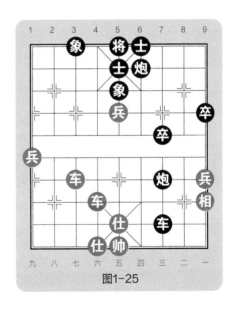

图1-25

红方扬仕露帅助攻，迅速入局！

④……　　　将5平6　　　⑤车五进一

红方弃车成杀，黑方认负。以下黑方如士4进5，则车七进六，士5退4，车七平六，闷杀。

第二章 马破相（象）

【第1局】

如图 2-1，黑方先行。这是
全国象棋个人赛中任德纯对孟立
国弈成的形势。黑方大军压境明
显占优势，如何进一步发动攻势
呢？实战中黑方弃马踏相，以连
珠妙着，一气呵成构成杀局！

① ……   马 7 进 5

黑方弃马踏相，毁去红方九
宫屏障，是迅速扩大优势的有力
之着。

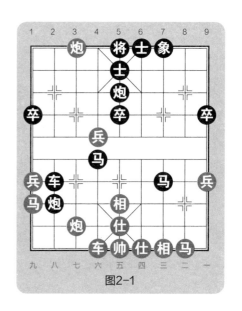

图 2-1

② 相三进五   炮 5 进 5

③ 仕五进四   马 4 进 6

黑方进马后，形成车马双炮四子联攻之势，已是胜利在望了。

④ 马九退八   炮 5 退 2   ⑤ 马八进七

红方进马拦炮，无奈之着。除此之外，也别无好棋可走了。

⑤ ……   炮 2 平 6   ⑥ 帅五进一   炮 6 平 5

黑方弃炮叫将，一击中的！令红方顿感难以应付，是迅速取胜的
巧妙之着。

⑦帅五进一 车 2 平 5 ⑧帅五平六 车 5 进 2

黑方进车演成妙杀，红方遂停钟认负。

【第 2 局】

如图 2-2，红方先行。这是
上海、东北联队对抗赛中王嘉良
对朱永康弈成的形势。红方借先
行之利弃车砍炮引开黑车，再马
踏中象而速胜，着法精彩生动。

①车八进三

红方弃车砍炮引开黑车，取
胜的关键之着。

① …… 车 6 平 2

②马六进五

红方马踏中象，一步定江山。

② …… 车 2 平 6

③马五退四 马 7 进 5

④车二平五 车 6 退 2 ⑤车五平三

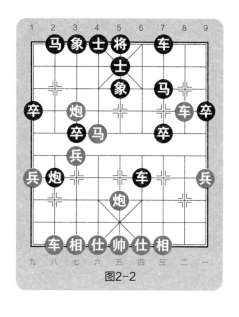

图2-2

红方抽车，黑方认负。黑方如接走将 5 平 6，则车三进三，将 6
进 1，炮七进二，士 5 进 4，炮五进六，将 6 进 1，车三退二杀。

【第 3 局】

如图 2-3，红方先行。这是全国象棋个人赛中丁晓峰对陈金盛弈
成的形势。实战中红方妙演弃马杀象入局，精彩生动。

①马三进五

红方弃马杀象，既精彩异常，又凶狠无比。

① ……　　　　象 3 进 5

② 炮七平九　　车 1 平 2

③ 前炮进七　　象 5 退 3

④ 后炮平七　　将 5 平 6

⑤ 炮七进八　　将 6 进 1

⑥ 炮九退一　　士 5 进 4

⑦ 车七进六　　将 6 进 1

⑧ 车七平三

捉马催杀，佳着！

⑧ ……　　　　车 2 退 2

⑨ 炮七退二

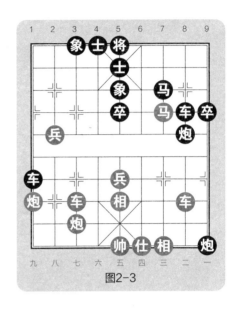

图2-3

至此，黑方认负。以下黑方如士 4 退 5，则车三退一杀。

【第4局】

如图 2-4，红方先行。这是上海、哈尔滨、沈阳三城市的友谊赛中胡荣华对王嘉良弈成的形势。红方大子位置极佳，已成联攻之势。实战中红方紧握战机，毅然用马搏取边象，算准车炮兵抢杀入局。

① 马二进一

红方弃马踩边象，算准车炮兵可成杀，着法有力！

① ……　　　　象 7 进 9

② 兵五进一　　象 9 退 7

③ 车二退一　　士 5 进 6

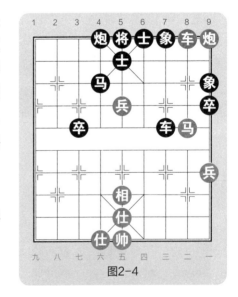

图2-4

④ 兵五平六　　车 7 退 2

⑤兵六进一　炮4平2　　⑥仕五退四

红方退仕既可巩固防线又能借帅助攻，攻不忘守，着法老练。

⑥……　　　炮2进2　　⑦仕六进五　车7平8

⑧车二平四　炮2退2　　⑨帅五平六

绝杀，红胜。

【第5局】

如图2-5，红方先行。这是全国象棋个人赛中蔡福如对刘殿中弈成的形势。实战中红方置车被捉而不顾，毅然踏象而胜。

①马四进五

红方弃马踏象，凶悍有力，胜局已定。

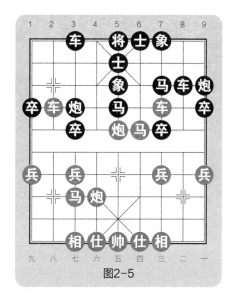

图2-5

①……　　　　　象7进5

黑方如改走炮3平7打车，则马五进七，将5平4（如车3进1，车八进三，红胜），炮五平六，马5进4，车八平六，士5进4，车六进一，红胜。

②炮五进二　士5进4

黑方如改走将5平4，则车八进一，将4进1，炮五平二，炮3平7，车八平六，红胜。

③车八平七　车3进3　　④炮五平二　士6进5

⑤炮二退一　炮9进4　　⑥炮六平五　将5平4

⑦兵三进一　炮9平4

黑方如改走卒7进1，则马七进五，卒7进1，马五进四，红胜。

⑧马七进五　炮4退3　　⑨炮五平六

黑方见必然丢子，主动认负。

【第6局】

如图2-6，红方先行。这是"上海杯"象棋大师邀请赛中柳大华对臧如意弈成的形势。实战中红方马踩中象，运用先弃后取的战术，打破纠缠局面，为最后获胜打下坚实的基础。

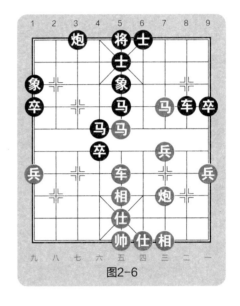

图2-6

①马三进五

红方进马踩中象，精妙！

①……　　　　马4退5

②马五进三

红方进马兑马，是上一回合弃马踩中象的后续手段。

②……　　　　后马进3

黑方如改走后马进7，则车五进三，红方亦夺回一子占优。

③车五进三　　马3进2　　④相五进七

红方飞相黪马，一举两得之着！

④……　　　　马2进3　　⑤兵三进一　　炮3进2

⑥车五进一　　炮3进1　　⑦相七退五　　马3退2

⑧马三退五　　将5平4　　⑨兵三进一　　车8进1

⑩兵三平四　　炮3退3　　⑪炮三进七　　将4进1

⑫炮三退一　　将4退1　　⑬车五平九

红方平车吃象，是迅速入局的佳着！

⑬……　　　　车8平5　　⑭车九平七　　士5进4

⑮车七进二　　将4进1　　⑯兵四进一　　将4平5

⑰炮三进一（绝杀，红胜）

【第7局】

如图2-7，红方先行。这是"避暑山庄杯"象棋邀请赛中赵国荣对卜凤波弈成的形势。实战中红方弃马踩象扩大了主动权，并乘势谋得黑车，奠定胜局。

① 马七进五

红方弃马踩象，凶悍有力，是迅速入局的巧妙之着。

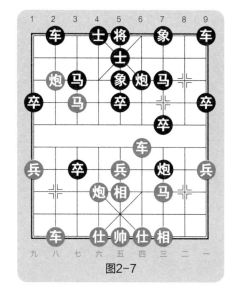

图2-7

① …… 象7进5

② 炮八平五　将5平6

③ 车八进九　马3退2

④ 炮六退一　卒7进1

黑方弃卒，引开红车。否则红方炮六平四，黑方难应。

⑤ 车四平三　马7进6　　⑥ 炮五平八　卒3进1

⑦ 炮八进一　炮7平1　　⑧ 炮六平八　炮1进3

⑨ 相五退七　炮1平2　　⑩ 前炮平七

红方平炮巧妙！捉死黑车，奠定了胜局。

⑪ …… 马6退8　　⑫ 炮七进一　将6进1

⑬ 炮八平四

黑方难以应付，主动认负。以下如续走炮6平3，则车三平四，马8退6，炮七平一，红方得车胜定。

【第8局】

如图2-8，红方先行。这是"五羊杯"象棋冠军赛中李来群对胡荣华弈成的形势。黑方右翼空虚，红方抓住该弱点弃马博象后速胜，是一则精彩的短局。

①马六进五

红方马踏中象，一击中的，令黑方顿感难应。

①……　　　　象3进5

②炮五平九

红方平边炮，是马踏中象的后续手段，紧凑有力之着。

②……　　　　马5退3

③车七进三

黑方如接走炮6平1，则车七平五，红方胜定。

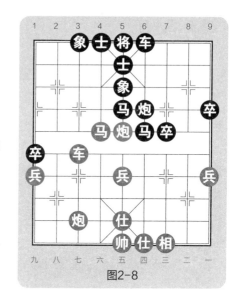

图2-8

【第9局】

如图2-9，红方先行。这是南北国手对抗赛中李来群对胡荣华弈成的形势。实战中红方车马炮三子集结于黑方空虚的左翼，弃马破象，左炮也调至右翼，车双炮配合默契，一举获胜。

①马三进五

红方弃马搏象，打开黑方防线缺口，入局佳着！

①……　　　炮9进4

②仕五退四　象7进5

③炮一进三　象5退7

④炮九平三

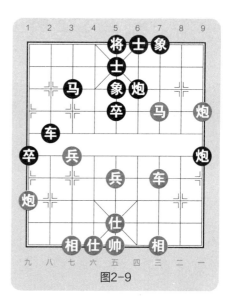

图2-9

红方平炮瞄象，是弃马搏象的后续手段。因为红方不能走车三进六，否则车2平9，炮一平二，车9退4，红方功亏一篑。

④……　　　将5平4　　　⑤炮三进七　将4进1

⑥炮三退一　炮6退1　　　⑦炮一退一　车2平6

⑧仕六进五　将4退1　　　⑨炮三进一　将4进1

⑩兵五进一

红方冲中兵为车的进攻"明修栈道，暗度陈仓"。

⑩……　　　卒1平2　　　⑪炮三退一　将4进1

⑫车三进四

黑方如接走炮6进1，则炮一退一，红方胜定。

【第10局】

如图2-10，红方先行。这是"奔马杯"象棋大师赛中李来群对付光明弈成的形势。双方子力大体相等，红方虽然缺仕，但车马炮兵种优于黑方车双炮。实战中红方在平淡的局面下掀起波澜，弃兵引开黑车，马踏底象入局。

①兵七进一

红方主动弃兵，十分巧妙地引开黑方中车，为红马破象创造条件。

图2-10

①……　　　车5平3

②车八进三　炮4退2　　　③马二进三

红方马踏底象抢攻，强悍凶狠，由此优势在握。

③……　　　车3平5　　　④车八退四　车5退1

⑤车八进一　车5进1　　　⑥马三退二　炮4进2

黑方如改走卒7进1，则相五进三，车5平8，车八平五，也是红方胜势。

⑦炮五平一　炮6平7　　⑧炮一进五　炮7退2

⑨马二退四　车5平6　　⑩炮一退一

红方退炮掩护红马卧槽，一击中的！

⑩……　　　炮4平3　　⑪马四进三　将5平4

⑫马三退五（黑方认负）

【第11局】

如图2-11，黑方先行。这是"净安杯"象棋名人战中吕钦对柳大华弈成的形势。红方多子，黑方有攻势。实战中黑方马踏中相再弃一子，最终成杀局，本局为弃子抢攻的典型范例之一。

①……　　　马7进5

黑方再弃一子，甚有胆识，是弃子取势的紧要之着。

②马六退五　炮6平3

③帅五平四

红方如改走仕五退四，则车

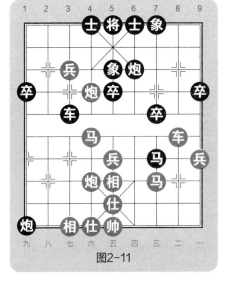

图2-11

3进4，后炮退一，车3平4，车二平七，车4退5，车七进三，车4进4，帅五进一，卒7进1，黑方虽少子，但多象多卒占有攻势，易走。

③……　　　炮3进7　　④帅四进一　炮1退1

⑤帅四进一　炮3退2

黑方退炮拴链红方马炮，很是巧妙，是迅速入局的关键之着。

⑥前炮平一　士4进5　　⑦炮一平九　卒7进1

黑方弃卒通车，胜利在望。

⑧车二平三　车3平6　　⑨马三进四　车6平8

⑩马四退三　车8进2　　⑪车三平四　车8进2

⑫仕五退四　炮3进1

红方中路有马无处奔，已被绝杀，黑胜。

【第12局】

如图2-12，红方先行。这是全国象棋团体赛中刘殿中对李林弈成的形势。红方子力占位较好，易于组织攻势。实战中红方突施妙手，弃马杀象，以车马炮联攻之势巧妙入局。

① 马三进五

红方舍马搏象，可谓一击中的，是迅速入局的有力之着。

①……　　　　象3进5

② 车八平五　马7退5

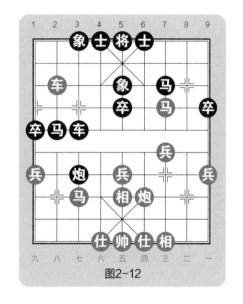

图2-12

黑方如改走士4进5，则车五平三，红方亦多兵多相胜势。

③ 炮四进五　车3平8　　④ 炮四平三　车8退4

⑤ 车五退一　马2进4　　⑥ 车五退一　马4进2

黑方如改走马4进3，则炮三平七，红方速胜。

⑦ 仕六进五　炮3退4　　⑧ 马七进八　车8平7

⑨ 炮三平二　车7进2　　⑩ 炮二进二　车7退2

⑪ 马八进六　炮3平4

黑方如改走车7平8，则马六进五双杀，红胜。

⑫ 马六进五　炮4退1　　⑬ 炮二退三

红方下伏炮二平七或炮二平五的绝杀手段，黑方难以解拆，遂停钟认负。

【第13局】

如图2-13，黑方先行。这是全国象棋团体赛中蒋全胜对陶汉明弈成的形势。黑方子力占位较好，易于组织攻势。实战中黑方抓住战机妙手踏相，采用先弃后取的战术手段，撕开红方防线而获胜。

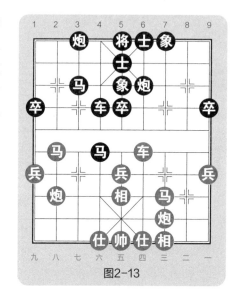

图2-13

① ……　　　马4进5

黑方舍马搏相，一击中的，令红方顿感难以招架。

②相三进五　车4进4

③炮八平七

红方平炮，出于无奈。如改走炮八退一，则车4平5，马三退五，马3进4，黑方胜势。

③ ……　　　炮3进7　　④马八退七　车4平3

⑤帅五进一

红方如改走车四退二，则马3进4，黑方亦占优。

⑤ ……　　　车3平4　　⑥车四进二　马3进2

⑦马三进四　车4进2　　⑧马四进五　车4退6

黑方退车拴链红方车马，紧凑有力之着，令红方顿感难应。

⑨帅五退一　马2进4　　⑩相五进七

红方如改走炮三进五，则马4进5，黑方亦胜势。

⑩ ……　　　车4平5　　⑪车四平五　马4退5

黑方多子胜定。

【第14局】

如图2-14，黑方先行。这是"电话发展杯"象棋超霸赛中吕钦对胡荣华弈成的形势。黑方呈兵临城下之势，如何扩大优势呢？实战中黑方马踏中相敲开红方防守大门，最终取得胜利。

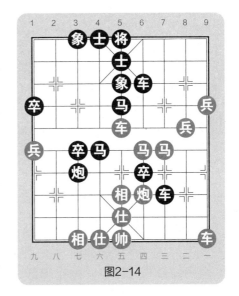

图2-14

①……　　　　　马4进5

黑方马踏中相，凶悍有力，是迅速扩大优势的巧妙之着。

②车五退三

红方以车吃马，无奈之举。如改走相七进五，则车6进3，炮四进二，车7平5，黑方速胜。

②……　　　马5进6　　③马三进二　车6退1

④炮四进二　车7平5　　⑤相七进五　车6进4

⑥车一平三　炮3平5　　⑦车三进六　将5平6

⑧马二进三　士5进6　　⑨车三平四

红方兑车无奈，如车三平九，则车6平7，红方丢子。

⑨……　　　车6退2　　⑩马三退四　炮5退3

⑪马四退三　卒3平2　　⑫马三进五

红方只能进马弃相谋卒，否则形成炮3卒对马双兵少相的残局，红方也难守和。

⑫……　　　炮5进4　　⑬仕五进六　卒6平5

⑭马五进七　卒2平1　　⑮帅五进一　炮5平7

⑯马七进八　卒5平4　　⑰马八退九　卒4进1

⑱马九进七　炮7退6　　⑲兵二进一　炮7平4

⑳帅五退一　卒4进1　　㉑马七退六　卒1进1

㉒兵二平三　卒1平2　　㉓兵一平二　士6退5

㉔仕六进五　士5进4　　㉕马六进四　卒2平3

㉖仕五进四　卒3平4　　㉗马四进三　后卒进1

㉘兵二进一　后卒平5　　㉙兵二平三　卒4进1

以下红方只能帅五平四，则卒5进1绝杀，黑胜。

【第15局】

如图2-15，红方先行。这是
全国象棋团体赛中许银川对刘殿
中弈成的形势。红方虽少一相，
但双车马炮占位较好，占据优势。
实战中红方突施妙手，马踏中象，
一气呵成取得胜局。

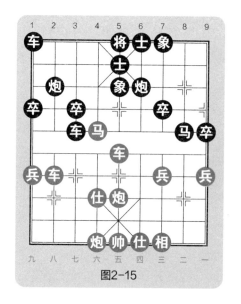

图2-15

①马六进五

红方弃马踏象，一举攻陷王
城，精彩至极。

①……　　　象7进5

②车五进三　马8进6

③炮五进六

红方弃炮轰士，着法凶悍！

③……　　　士6进5　　④车五进一　将5平6

⑤车八进四　车3平6　　⑥兵三进一　车6退1

⑦车八平五　车1平2　　⑧仕四进五　马6退4

⑨炮六进五　炮6平8　　⑩仕五进四　车6进4

⑪炮六平八　车6进2　　⑫帅五进一　炮8进7

⑬相三进一

红方飞相后，伏后车平三绝杀，黑方认负。以下黑方如车2进4
吃炮，则前车进一，将6进1，后车进一，将6进1，前车平四，红胜。

【第16局】

如图2-16，红方先行。这是"柳林杯"全国象棋大师冠军赛中陈信安对金波弈成的形势。双方虽然大子相当，但红方子力占位较佳。实战中红方弃马踏象，打开黑方防御的缺口，采用三子联攻手段巧妙入局。

① 马四进五

红方弃马踏象，有力的一击，迅速地敲开了胜利之门。

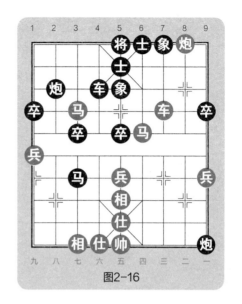

图2-16

① …… 炮2平5

② 车三进三 士5进6

③ 马七退五 车4进2

黑方如改走炮5进1，则车三退三，士6进5，车三平五，红方亦是胜势。

④ 马五进四 将5平4　　⑤ 车三退一 士6进5

⑥ 车三平五 车4平8　　⑦ 车五退一

黑方认负。黑方如续走车8进5，则仕五退四，车8退9，相五退三，将4进1，车五进二，将4进1，马四退五，将4退1，马五进七，将4进1，车五退二，红胜。

【第17局】

如图2-17，红方先行。这是"五羊杯"象棋冠军赛中刘殿中对赵国荣弈成的形势。实战中红方舍马搏象敲开黑方防守大门，终以双车炮的凌厉攻势在对攻中捷足先登。

① 马三进五

红方舍马搏象，可谓一击中的，令黑方顿感难以招架。

①……　　　　炮 1 平 5

黑方以炮轰马，无奈之着。如改走象 3 进 5，则车八平五，黑势立即崩溃。

②车八平七　士 5 进 4

③炮七进三　士 4 进 5

④车七退一　炮 5 进 4

黑方炮打中兵，败着。不如走车 4 平 6，车四进一，马 7 进 6，炮七平三，红方虽然易走，但黑方尚有周旋余地。

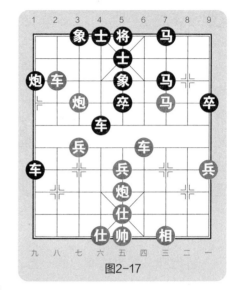

图2-17

⑤炮七平八　将 5 平 4　　⑥车七进三　将 4 进 1

⑦兵七进一　车 4 平 7　　⑧炮八平三　马 7 进 6

⑨相三进一　士 5 进 6　　⑩车七退一　将 4 退 1

⑪车四平八

红方平车演成绝杀之势，黑方遂停钟认负。

【第18局】

如图 2-18，红方先行。这是第 3 届"奇胜杯"粤沪象棋对抗赛中许银川对胡荣华弈成的形势。实战中红方马踏中象，巧妙一击，在对攻中捷足先登。

①马三进五

红方马踏中象，实出黑方所料，是迅速扩大优势的精彩之着。

①……　　　　象 3 进 5

黑方如改走车 7 平 4，则马五进三，将 5 平 6，马八退六，也是红方大优。

②马八进七　　将5平6

③车二平四　　炮5平6

④炮三平四　　士5进6

⑤马七退五　　将6平5

⑥车六平三　　炮6进4

⑦仕五退四

红方妙着连珠，经过一番兑换赚得黑方双象，扩大了优势。

⑦……　　　　马7进9

⑧车三平六　　士4进5

⑨车六平七　　车9平4

⑩仕四进五　　马9进8

⑪相五进三　　炮4进2

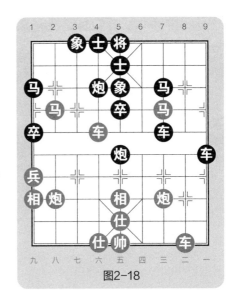

图2-18

黑方进炮，力争做最后一搏。如改走车4平7，则车七进四，炮4退2，车七平九，红方亦胜势。

⑫车七进四　　士5退4

黑方如炮4退4，则车七退二，黑方亦难应付。

⑬车七平六　　将5进1　　⑭炮八平五　　炮4退2

⑮车六平九　　马1进3　　⑯车九退一　　将5退1

⑰马五进四　　车4平5　　⑱车九进一　　炮4退2

⑲马四退三　　马3进4　　⑳车九退二　　士6退5

㉑车九平五　　炮4进2　　㉒马三进五　　炮4退1

㉓马五进三

黑方如接走将5平4，则马三退四，红方胜定。

【第19局】

　　如图2-19，红方先行。这是全国象棋团体赛中杨德琪对宗永生弈成的形势。双方虽然大子相当，但红方车马炮兵占位较好易于组织攻势。实战中红方弃马踏象，献兵取势，一举获胜。

①马三进五

红方弃马踩象，着法凶悍，大胆搏杀的风格跃然枰上。

①……　　象3进5

②兵五平六　车4进1

③炮五进四

红方献兵轰中象，漂亮的一着！是弃马踏象的后续手段。

③……　　将5平6

④炮五平三　炮6退1

⑤车四平二　将6平5　　⑥车二进五　士5退6

⑦炮三进二　将5进1　　⑧车二退二

黑方失双象已难以防御，遂停钟认负。

图2-19

【第20局】

如图2-20，红方先行。这是"磐安伟业杯"全国象棋大师冠军赛中邬正伟对陈翀弈成的形势。乍看之下双方子力相当，且红帅"爬上城楼"，黑方肋卒逼近九宫，红方似有受攻之危。实战中红方先后连续弃马舍车，构成了巧妙的杀局。

①马六进五

红方马踏中象不怕黑方车2平5后再卒4平5吃兵捉双的手

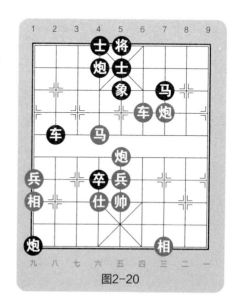

图2-20

段，为弃车妙杀埋下伏笔，已然成竹在胸了。

　①……　　　　车2平5　　②帅五平四

红方出帅弃马，是取胜的关键之着。

　②……　　　　车5退2　　③炮三平二　炮4进3

黑方升炮，准备红方走炮二进三时，炮4平6遮垫。如改走车5进3，则兵五进一，演成有车杀无车之势，红方亦胜势。

　④车四进三

红方弃车，实出黑方所料，实战中弈来煞是精彩！

　④……　　　　马7退6　　⑤炮二平七

红方平炮，演成巧妙的绝杀之势，黑方遂停钟认负。

【第21局】

如图2-21，红方先行。这是"磐安伟业杯"全国象棋大师冠军赛中聂铁文对蒋川弈成的形势。实战中红方舍马换取双象敲开了黑方防卫的大门，然后以车马双炮四子联攻的凌厉攻势逼黑方就范。

　①马三进五

红方舍马换取双象，毁去黑方防守大门，是迅速取得胜利的精彩之着！正所谓"一马破双象，其势必英雄"。

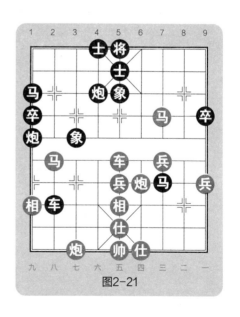

图2-21

　①……　　　　象3退5

　②车五进三　马1退3

黑方退马防杀，无奈之着。如改走炮1平3，则马八退六，炮3进2，马六进五，红方亦胜势。

　③马八进六　炮1进2　　④炮七进三

红方当然不能走炮四平九吃炮，否则马7进5，黑方反败为胜。

④……　　　　　车2平5　　　⑤马六进八

红方进马捉马加快胜利步伐。

⑤……　　　　　炮4退1　　　⑥马八进七　车5平3

⑦马七退六　　炮4进1　　　⑧车五退二

红方伏马六进四的杀棋，黑方难以解拆，遂停钟认负。

【第22局】

如图2-22，红方先行。这是全国象棋个人赛中洪智对林宏敏弈成的形势。红方子力位置较好占得先机。实战中红方弃炮打卒，马踏中象，连弃两子形成绝杀，甚是精彩！

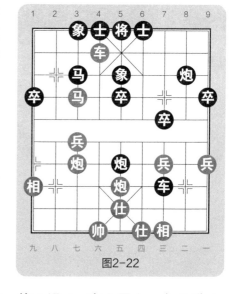

图2-22

①炮五进四

红方弃炮轰中卒，可谓一击中的，是迅速入局的精彩之着。

①……　　　　　马3进5

黑方如改走士6进5，则马七进五，以下黑方有两种走法。

着法1：炮5退4，炮七进四，炮8退2，车六平七，象3进1，车七平八，红方得子胜定。

着法2：将5平6，炮七进四，炮8平3，车六进一，将6进1，马五退三，炮3平7，车六平三捉死炮，红方胜定。

②马七进五

红方马踏中象再弃一子，妙极！下伏炮七进六，士4进5，车六进一的杀着。黑方如接走士4进5，则炮七进六，士5进4，马五进六，红胜。又如走象3进1，则马五进三，马5退6，车六平四，红方胜定。

【第23局】

如图2-23，红方先行。这是全国象棋个人赛中蒋川对陶汉明弈成的形势。红方有兵渡河明显占优势，但是如何将优势扩大成胜势呢？实战中红方弃马换象强攻，敲开胜利之门。

①马七进五

红方弃马踏象，打开黑方防御大门，甚有胆识！加快了取胜的速度。

① ……　　　象3进5

②兵七进一　炮6退3

黑方如逃马，则车五进三，红方攻势强大，黑方难以招架。

③兵七进一　车7平2　　④炮八平六　士6进5

⑤兵七进一　炮6退1　　⑥车五进三　马8进6

黑方进马捉双，试探红方应手。如改走炮6平3，则车五平二，红方得子胜定。

⑦炮五进五　士5进6　　⑧车五退三　炮7退6

黑方如改走马6进8，则炮六退一，红方亦胜势。

⑨马三进四　车2平6　　⑩兵七平六　炮7进9

黑方如改走将5平6，则车五平三，炮7进5，相七进五，红方亦胜定。

⑪兵六平五

黑方如接走将5进1，则炮五平六杀。又如改走将5平6，则兵五平四，红方多子胜定。

【第24局】

如图2-24，红方先行。这是全国智力运动会象棋赛中唐丹对王琳娜弈成的局面。双方激烈对攻，黑方此时车马炮三子归边，下一步要马1进3照将组杀。红方利用先行之利，发动中路攻势，一举获胜。

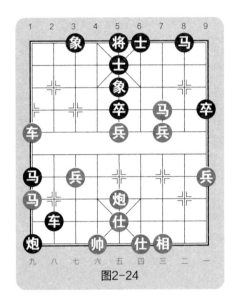

图2-24

① 马三进五

红方先发制人，弃马踩中象，中路突破。

① ……　　　　象3进5

② 车九进四　士5退4

③ 车九平六　将5进1　④ 车六退一　将5退1

⑤ 兵五进一　马1进3　⑥ 马九退七　马3退5

红方中路进攻势如破竹，黑方无可奈何，来不及走车吃马的进攻，退马也难挡红方杀棋。

⑦ 车六进一　将5进1　⑧ 兵五进一

红方中兵直捣黄龙，黑方认负。黑方以下如续走将5平6，则车六退一，士6进5，兵五进一，将6退1，车六进一，红胜。

【第25局】

如图2-25，黑方先行。这是第三届"吉视传媒杯"全国象棋南北对抗赛中蒋川对谢靖弈成的形势。实战中黑方马踏中相，实施一车换双的妙手，演成了一则精彩的杀局。

① ……　　　　炮9进3　②仕五退四　马7进5

黑方马踏中相，展开攻击。

③炮六退五　后车平5

④炮六平五　车3平6

　　黑方一车换红方马炮，是迅
速取胜的紧要之着。

⑤兵三平四　车5进3

⑥仕六进五　车5平7

⑦仕五进四　车7进3

⑧车六平一　炮9平6

　　黑方平炮轰仕，打开红方防
守的缺口，是简明有力之着！

⑨兵四平五　马5进3

⑩帅五平六　马3退4

⑪车一进一　炮6平5

　　黑方平炮宫心，构思精巧！

⑫帅六进一　炮5退4

　　红方难以抵挡黑方车马炮联合攻势，推枰认负。

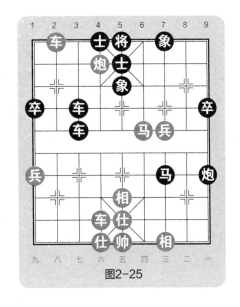

图2-25

第三章　炮破相（象）

【第1局】

如图 3-1，红方先行。这是全国象棋团体赛中孟立国对郑亚兴弈成的形势。实战中红方抓住黑方平炮贪打双车的失误，弃车砍炮，炮轰中象，妙手连珠演成精彩杀局。

①后车进四

红方弃车砍炮，着法凶悍有力，体现出了"杀象能手"孟立国勇于搏杀的棋艺风格。

①……　　　车5平4

②炮五进五

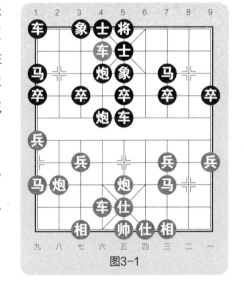

图3-1

红方炮轰中象，炸开了黑方的大门，是上一回合弃车砍炮的后续手段。

②……　　　将5平6

黑方如改走士5退6，则炮八平五，马1退2，马三进五，也是红方大占优势。

③马三进五　车4平5

黑方平中车，无奈之着。如改走车4进2，则炮八平四，红方大占优势。

　　④炮八平四　　车5进2　　　⑤炮五退四　　车1平2

　　⑥马九退七　　车2进9　　　⑦马七进五

红方舍相强进中马，为弃炮抢攻埋下伏笔。

　　⑦……　　　　卒5进1　　　⑧炮四进五　　将6进1

　　⑨炮五平四

红方平炮叫将，舍弃一炮令黑方主将处于刀光剑影之下，是迅速取胜的有力之着。

　　⑨……　　　　将6进1　　　⑩马五进四　　将6平5

　　⑪马四进三　　将5平6　　　⑫马三退五　　将6平5

黑方如改走将6退1，则马五进六，将6退1，马六退四，将6平5，马四进三，将5平6，车六退二，红方亦胜定。

　　⑬炮四平五　　马7进5　　　⑭炮五进三　　车2退5

　　⑮炮五进二

红方炮轰中士，又是一步妙着，令黑方防不胜防。

　　⑮……　　　　车2平4　　　⑯马五进三　　将5平6

　　⑰炮五退一

红方退炮解将还杀，以连珠妙着演成精彩杀局，红胜。

【第2局】

　　如图3-2，红方先行。这是全国象棋个人赛中孟立国对蔡福如弈成的形势。双方剑拔弩张，呈激烈对攻之势。实战中红方紧握战机，舍炮轰象，敲开了黑方防御大门，最后以弃车杀士巧演杀局，令人拍案叫绝！

　　①炮八平五

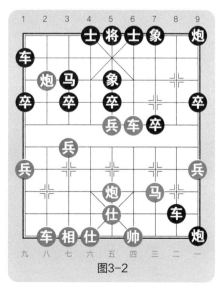

图3-2

红方弃炮打象，着法凶悍有力，由此步入佳境。

①……　　　车1平8

黑方如改走象7进5，则车四进四，将5进1，车八进七，红方速胜。

②兵五进一　前炮退2

黑方如改走马3进5，则前炮平九，马5退3，炮九进二，马3退2，车四平五，士6进5，车八进九，红方胜定。

③后炮进二　前车平7　　　④兵五平六　马3进5

⑤前炮平九　马5退4

黑方如改走马5进6，则炮九进二，将5进1，车八进八，将5进1，兵六平五，将5平4，车四平六，红胜。

⑥炮九进二　马4退2　　　⑦车四进四

红方弃车杀士，构思巧妙，精彩之至！

⑦……　　　将5进1

黑方如改走炮9平6，则兵六平五，车8平5，车八进九，下一回合再车八退一叫杀。

⑧车八进八　马2进4　　　⑨兵六平五　象7进5

⑩车四平五（绝杀，红胜）

【第3局】

如图3-3，红方先行。这是全国象棋个人赛中胡荣华对郑发权弈成的形势。双方乍看之下似是平稳之势，实战中红方紧握战机，采用弃炮轰象的战术手段，一举打破了局势的均衡，牢牢控制局势，赢得了棋局的胜利。

①前炮进七

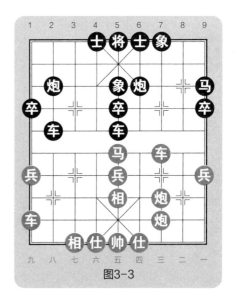

图3-3

红方弃炮轰象，攻击点十分准确，为三子归边攻杀创造了有利的条件，是弃子取势的有力手段。

① ……　　　　　象5退7　　②炮三进八　士6进5

黑方如改走将5进1，则车九平七，黑方也难应付。

③炮三平一　将5平6　　④车九平三

红方联车控线，细腻之着。如改走车九平二，则黑方有车5平8邀兑的手段。

④ ……　　　　　炮2退2　　⑤前车进三　炮2进2

⑥前车进二　将6进1　　⑦炮一退一　炮6平4

⑧仕四进五

红方补仕固防，攻不忘守，老练的走法。

⑧ ……　　　　　卒9进1　　⑨马五进三

红方进马助战，并伏炮一退三捉双车的手段，其势愈盛。

⑨ ……　　　　　车5平6

黑方如改走马9进8，则前车退一，将6退1，马三进四，红方亦胜势。

⑩炮一退三　车6平7　　⑪前车退四

红方谋得一车，已胜券在握。

⑪ ……　　　　　车2进2　　⑫后车平四　炮4平6

⑬车四平二　炮6平4　　⑭车三平四　炮4平6

⑮车二进七　将6退1　　⑯车四平三　将6平5

⑰车二平四

红方催杀得子，黑方认负。

【第4局】

如图3-4，红方先行。这是全国象棋团体赛中李来群对吕钦弈成的形势。红方进攻兵力位置俱已到位，凭借先行之利突施妙手，弃炮轰象谋得黑车，着法精妙，耐人寻味。

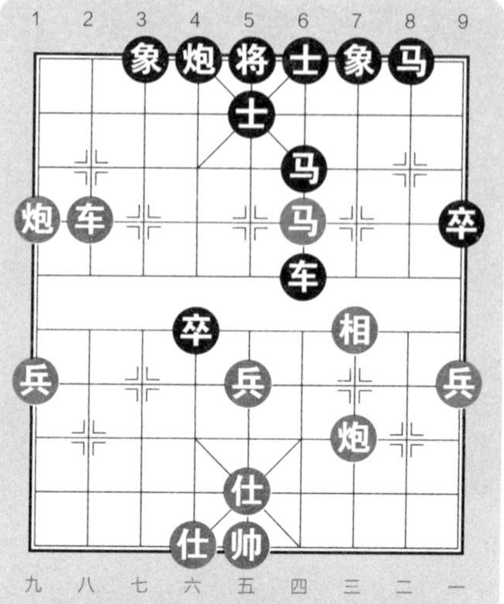

①炮三进七

红方弃炮轰象，妙用先弃后取的手段，迅速扩大了优势，是取胜的关键之着。

① ……　　　　马6退7

②马四进三　　车6退3

③炮九进二　　炮4进1

黑方如改走士5进4，则车八平五，士6进5，炮九平四，红方得车胜定。

④车八进三　　车6平7

⑤车八平七　　士5退4

⑥炮九平三

红方擒得一车，已是胜券在握。

⑥ ……　　　马8进9　　　⑦车七退一　　炮4进1

⑧炮三退三　　马7进6　　　⑨炮三平八　　士4进5

⑩车七进一　　炮4退2　　　⑪车七退三　　马9退7

⑫炮八进四　　炮4进2　　　⑬车七进三　　炮4退2

⑭车七退五　　炮4进2　　　⑮车七平六

红方消灭黑方过河卒，为取胜扫清障碍。

⑮ ……　　　马7进8　　　⑯相三退五　　马8进6

⑰车六平四　　后马进4　　　⑱炮八退三　　卒9进1

⑲炮八退一　　马6进4

黑方如改走马4进2，则车四进一，马2进1，车四平一，红方车双兵必胜黑方马炮双士。

⑳炮八平五

黑方如接走将5平4，则炮五平六，红方胜定。

图3-4

【第5局】

如图3-5，黑方先行。这是全国象棋个人赛中陈孝坤对杨官璘弈成的形势。黑方虽少一子，但多卒占优势。实战中黑方采用弃炮侧袭的战术手段，以车马冷着巧妙取胜。

①……　　　炮3进5

黑方抓住红方出帅的机会，挥炮破相巧妙入局，甚是紧凑有力。

②相五退七　车7进3

③帅四进一　马6进8

④炮三退二　车7退2

⑤车四平二　车7进1　　⑥帅四进一　马8进7

红方如续走相七进五，则车7退4，黑方得车胜定。

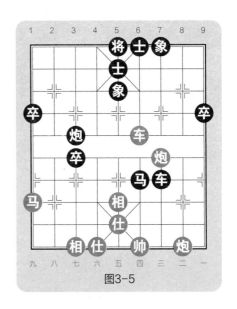

图3-5

【第6局】

如图3-6，红方先行。这是首届"避暑山庄杯"邀请赛中赵国荣对徐天红弈成的形势。红方净多一子，黑方车双马伏有杀棋。实战中红方弃炮轰象，攻守兼备获得胜利。

①炮五进五

红方弃炮轰象，巧妙之着。

①……　　　象7进5

②炮一进三　象5退7

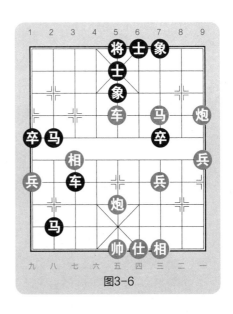

图3-6

③车五进二　将5平4　　④车五退六

红方退车守住要点，要着！

④……　　　　将4进1　　⑤马三进四　后马退4

⑥车五平八　车3平2　　⑦车八进一　马2退4

⑧帅五平六　前马退2　　⑨炮一退一　士6进5

⑩马四退五　将4退1　　⑪马五退三

兑车后形成马炮三兵单缺仕对双马卒单士象的必胜残局，红方胜利在望。

⑪……　　　　将4平5　　⑫相三进五　马2退4

⑬兵三进一　前马进3　　⑭帅六平五　马3退1

⑮马三进二　象7进9　　⑯马二进一　马4进5

⑰马一退三　将5平6　　⑱仕四进五　象9退7

⑲炮一平五

双方子力相差悬殊，黑方停钟认负。

【第7局】

如图3-7，黑方先行。这是全国象棋个人赛中邹立武对王嘉良弈成的形势。双方形成短兵相接、剑拔弩张的对攻场面。实战中黑方一炮破双相，妙着连珠，一鼓作气取得胜利。

①……　　　　前炮进4

黑方炮换双相，发起攻势，着法凶悍！

②相七进五　炮5进5

③仕五进六

红方如误走仕五进四，则马

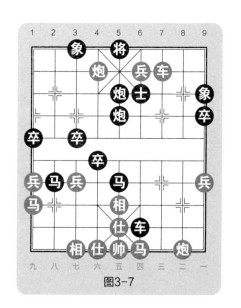

图3-7

5进3，下一着再车6平5杀。

③……　　　　炮5平1

黑方以炮打马，攻势转向侧翼，着法灵活有力。

④仕六进五　马2进3　　⑤帅五平六　马5进3

黑方进马暗伏杀着，精妙之至！

⑥炮六平五

红方如改走炮二进九，则车6进1，仕五退四，马3进5，帅六进一，马5退6，黑胜。

⑥……　　　　炮1进2　　⑦炮二进一　前马退1

红方如接走帅六平五（如帅六进一，则马1进2杀），则马3进4，帅五平六，马1进2马后炮杀，黑胜。

【第8局】

如图3-8，黑方先行。这是全国象棋团体赛中王刚扣对王嘉良弈成的形势。实战中黑方借先行之利，精彩破相入局而胜。

①……　　　　炮8平5

黑方炮打中相，伏车3平4的杀着，令红方难以招架。

②马七进五　车3进2

③帅六进一　车8进8

④前炮平七　车3平2

⑤炮七进三　炮4退3

黑方弃马攻杀，着法凶悍！

⑥车四平三　车2退2

黑方退车捉马是假，准备车2平4妙杀是真！

⑦帅六退一　象9进7

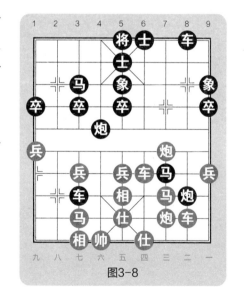

图3-8

"死马不急吃"，黑方飞象固防，攻不忘守。

⑧车三进一　车2平5　　⑨马三进二　车5平8

至此，红方必失子，遂停钟认负。

【第9局】

如图3-9，红方先行。这是"昆化杯"象棋大师邀请赛中柳大华对言穆江弈成的形势。双方呈对攻之势，实战中红方先弃炮轰象再弃车杀士，颇为精彩！

①炮五进五

红方弃炮轰象打开黑方防守的大门，准确。如改走马六进五，则象3进5，炮五进五，士5退6，车九进七，前炮进1，仕四进五，前炮平9，帅五平四，车8平7，黑方伏炮7平8的手段，红方反难应付。

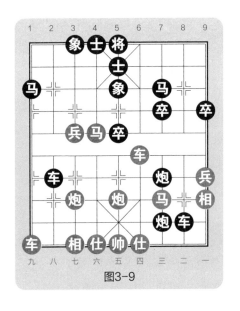

图3-9

①……　　　象3进5　　②马六进五　马7进5

③车九进七　前炮进1　　④仕四进五　前炮平9

⑤帅五平四　卒5进1

黑方如改走车8平7，则马五进七，马5退4，车九平二绝杀，红胜。

⑥马五进七　马5退4　　⑦炮七平五

红方平炮催杀，紧凑有力。

⑦……　　　车8进1　　⑧帅四进一　车8退9

⑨车四进四　车2退6　　⑩车九平二　车8平7

⑪车二平四　炮7平5　　⑫马三进五　士5进6

⑬车四平六　将5平6　　⑭炮五进二　炮9平3

⑮车六进一　　车2平4

红方弃车杀士，入局精彩。黑方如改走将6进1，则炮五平四，将6平5（如士6退5，则马五进四，士5进6，车六退一，将6退1，马四进六，红胜），马七退六，将5进1，马五进四，红胜。

⑯炮五平四　士6退5　　⑰马五进四

黑方如接走士5进6，则马四进三，红胜。

【第10局】

如图3-10，红方先行。这是"墙砖杯"大师邀请赛中钱洪发对王嘉良弈成的形势。在看似平稳的局面下，红方利用双车双炮进攻灵活的特点，以炮打象，摧毁黑方九宫屏障，终以双车炮联攻取得胜利。

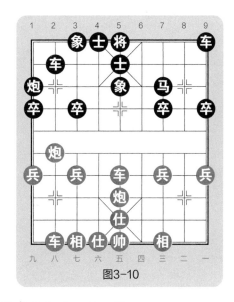

图3-10

①炮五进五　　象3进5

②车五进四

红方先弃后取，必然得回一子，白赚双象。着法简明有力！

②……　　车2进3　　③车五平三　炮1进4

黑方缺双象，防守捉襟见肘。此时如改走炮1平2，则炮八平五，车2平5，炮五退二，黑方也难以摆脱困境。

④车三退一　车9平6　　⑤炮八平五　车2平5

⑥炮五退二　卒1进1　　⑦车八进五　车5进2

⑧车八平九　炮1平2　　⑨车九平八　炮2平1

⑩车三进二　车6进8　　⑪车八退二　炮1退4

⑫车三平五

以下黑方如士4进5，则车八进六，红胜。

【第11局】

如图3-11，红方先行。这是全国象棋团体赛中徐天红对胡荣华弈成的形势。面对黑方进车催杀，红方该如何应对呢？实战中红方果断弃炮打象，在对攻中捷足先登。

① 炮七进八　象5退3

② 炮五平七

面对黑方进车催杀，红方弃炮打象解围后，再炮五平七继续攻底象，反占先机。

②……　　　　车6平8

③ 仕六进五　车8进1　　④ 炮七进八　将5进1

黑方如改走士4进5，则仕五进六，接下来再炮七平九，黑方亦难抗衡。

⑤ 马九进七

红方不吃炮而跃马助攻，紧凑有力！

⑤……　　　　车8退5　　⑥ 仕五进六　将5平6

⑦ 兵五进一　车8平6　　⑧ 炮七退一

红方退炮控制黑将活动，红方胜势已成。

⑧……　　　　炮7平8　　⑨ 仕四进五　炮8退4

⑩ 马七进六

至此，黑方认负。黑方以下如走炮8平5，则马六进五，红方亦胜定。

【第12局】

如图3-12，黑方先行。这是第3届"嘉丰房地产杯"象棋王位赛中赵国荣对吕钦弈成的形势。双方呈对攻之势，实战中黑方利用红方后防空虚的弱点，及时炮击底相，一举突破红方防线，精彩入局。

①……　　　炮7进8

②仕四进五

红方如改走相五退三，则车2进3，帅五进一，车2退1，帅五退一，马4进6，帅五平六，车2进1，黑胜。

②……　　　车2进3

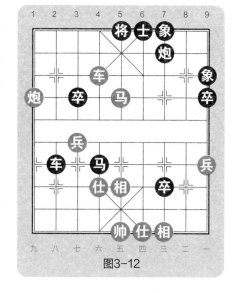

图3-12

红方如接走仕五退六，则马4进6，帅五平四，车2平4，帅四进一，车4退1，帅四退一，卒7进1，红方难抵挡，遂停钟认负。

【第13局】

如图3-13，红方先行。这是"派威互动电视"象棋超级排位赛中黄海林对赵国荣弈成的形势。在双方子力纠缠之时，红方突发妙手，奇袭建功。

①炮七进七

红炮轰掉底象，攻击着法刁钻，令黑方顿感难以应付。

①……　　　炮5进4

黑方如改走象5退3，则车八平七，车7平5，车七平五，红方也是胜势。

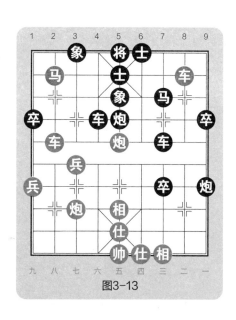

图3-13

②相三进五　炮9进3　　　③车二退八　炮9退5

④车二进六

红方献车，精妙绝伦！

④……　　　车7退1

黑方如改走车4平8，则车八平六绝杀，红胜。

⑤车二平三

至此，黑方超时判负。以下黑方如续走车4平7，则炮五退一，车7平4，炮七平九，红方也是胜势。

【第14局】

如图3-14，红方先行。这是全国象棋团体赛中项阳红对谢卓淼弈成的形势。红方多一子，黑方有双卒过河。实战中红方紧握战机，炮轰双象展开攻击，最后以闷杀之势巧妙入局。

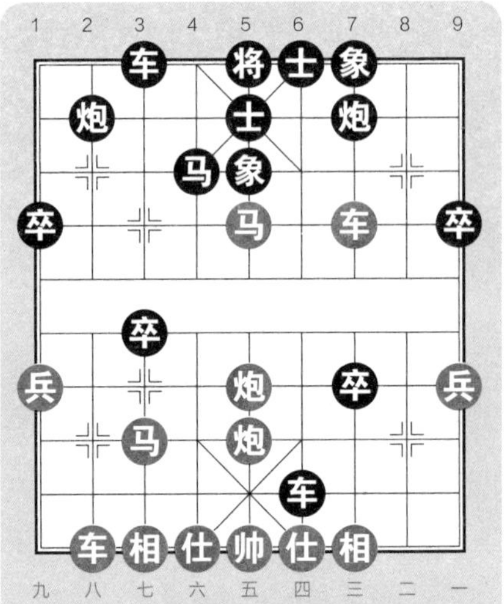

①前炮进四　象7进5

②炮五进五　将5平4

红方炮换双象，发起猛烈攻击。

图3-14

③马五进七　炮2平3

④车三进二　车6退6

⑤炮五退五　马4进3　　　⑥车三退四　车6平3

⑦车三平七　马3退5　　　⑧车七进三　马5退3

⑨车八进六

红方进车弃马，是力争主动的积极走法。

⑨……　　　炮3平4

黑方如改走炮3进6，则车八平六，士5进4，炮五平六，红方胜定。

⑩炮五平六　将4平5　　.⑪炮六进五

红方进炮伏炮六平三绝杀的手段，黑方难以拆解，遂停钟认负。

【第15局】

如图3-15，红方先行。这是全国象棋个人赛中许银川对刘殿中弈成的形势。双方正直大子犬牙交错，战局不明之时。红方经过精准计算，突施冷箭，令黑方难以抗衡。

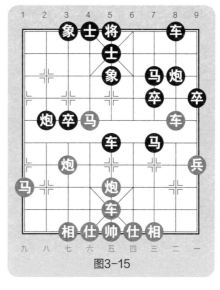

图3-15

①炮七进六

红方弃炮轰象，腾挪马路，精彩有力之着！

①……　　　　象5退3

②马九进七　卒7进1

黑方如改走卒3进1，则马六进八，卒3进1，车五平四，红方胜定。

③车二平三　车5退1　　④马七进八　车8平6

黑方如改走炮8进7，则车五平四，红方亦是胜势。

⑤车五平二　炮8进2　　⑥仕六进五　象3进5

⑦马六进五

红方弃马踏象，一击中的！至此，黑方认负。以下黑方如走车5退2，则马八进九，红方胜定。另如走车6进2，则马五退七，车5进2，车三退一，炮8平2，车三进三，红方亦多子胜定。

【第16局】

如图3-16，红方先行。这"威凯房地产杯"全国象棋精英赛中黄仕清对李智屏弈成的形势。实战中红方不吃马而弃炮轰象，妙手得车取胜。

① 炮五进五

红方弃炮轰象，着法凶狠！

①……　　　　士5进6

黑方扬士无奈，如误走象7进5，则马六进五，黑方失车。

② 马六进七　车4进2

③ 炮五退一

红方退炮暗伏炮三进六打死车的凶着，妙手！

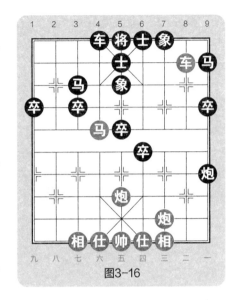

图3-16

③……　　　车4平3　　　④ 炮三进六　车3退1

黑方如改走车3退2，则炮五平三，象7进5，前炮平五，黑方亦丢车。

⑤ 车二平七

至此，红方得子胜定。

【第17局】

如图3-17，红方先行。这是亚洲室内运动会中国象棋队选拔赛中谢岿对汪洋弈成的形势。在纠缠局面下，红方巧妙腾挪，炮打底象，双车错成杀。

① 马三退二

红方观察到黑方子力占位上的弱点，突施"回马金枪"妙手！

①……　　　　车6平7

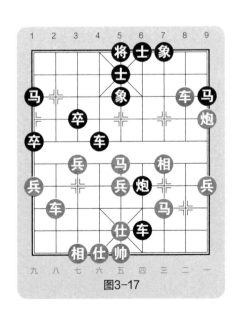

图3-17

②炮一平三　　车7退3　　　③马五进四　　车7进4

④仕五退四　　车4进4　　　⑤马四进三　　将5平4

⑥炮三进三

红方步步争先，赢得炮轰底象，双车作杀的时机。

⑥……　　　　象5退7　　　⑦车二平九（绝杀，红胜）

【第18局】

　　如图3-18，红方先行。这是"杨官璘杯"象棋公开赛中党国蕾对陈丽淳弈成的中局形势。盘面上红方一车换双，子力占位优越，如何进一步开展攻势呢？

①炮九进二

红方进炮瞄准中象，准备弃子搏杀，进攻手段凶悍。

①……　　　　车7平4

②炮九平五　　士5退4

红炮轰象，打开胜利之门！黑方退士暂避锋芒，无奈！如象7进5，则马六进五，红马两侧均可卧槽，黑方难以抵挡。

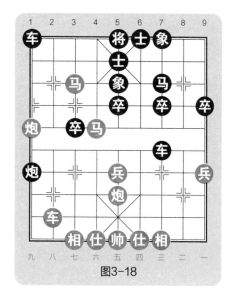

图3-18

③马六进四　　车4退4　　　④马七进五

红方马入"宫心"弃炮叫将，妙手！

④……　　　　象7进5　　　⑤马四进三　　将5进1

⑥炮五平二

红方连弃马炮，最终以"马后炮"绝杀，着法一气呵成，入局精彩！

⑥……　　　　车4进8　　　⑦帅五平六（红胜）

【第19局】

如图3-19，红方先行。这是
全国象棋甲级联赛中金波对赵玮
弈成的形势。黑炮卒林线攻击红
方车炮，表面上看红方面临失子
的危险。实战中红方巧施弃子攻
杀的手段，最终双车炮联攻取胜。

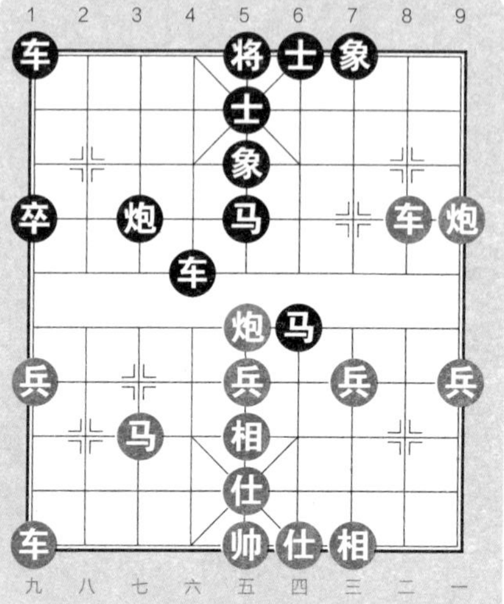

① 马七进八　　车4平2

② 炮五进三

红方先外马捉车，迫使黑车
离开要道，再弃炮破象撕开黑方防
线，次序井然。由此步入佳境！

图3-19

② ……　　　象7进5

③ 炮一进三　象5退7　　　④ 车二进三　士5退4

⑤ 车九平七　马5进3　　　⑥ 炮一平三　将5进1

⑦ 车二退一　将5进1　　　⑧ 车七平六

黑将不安于位，局势已是风雨飘摇。红方再弃一子，算准可攻杀
入局。

⑧ ……　　　车2进1　　　⑨ 车二退一　将5退1

⑩ 车六进七　马3退5　　　⑪ 车二进一　马5退6

⑫ 车六平四　前马退7　　　⑬ 车二平三　车2平6

⑭ 车四平七　马7退5　　　⑮ 车三退一　马6进7

⑯ 炮三退三　马5进7　　　⑰ 车三退一

黑方难以抵挡红方双车的进攻，遂停钟认负。

【第20局】

如图3-20，红方先行。这是"南雁荡山杯·决战名山"全国象棋冠军挑战赛中武俊强对汪洋弈成的形势。红方子力占位较佳，实战中红方弃炮轰象，抢杀入局。

① 后炮进六

红方弃炮轰象，着法凶悍！

① ……　　　　象 7 进 5

② 车七平五　将 5 平 4

黑方如误走马 9 退 7，则车五平九，炮 3 平 5，炮五平二叫杀得车，红胜。

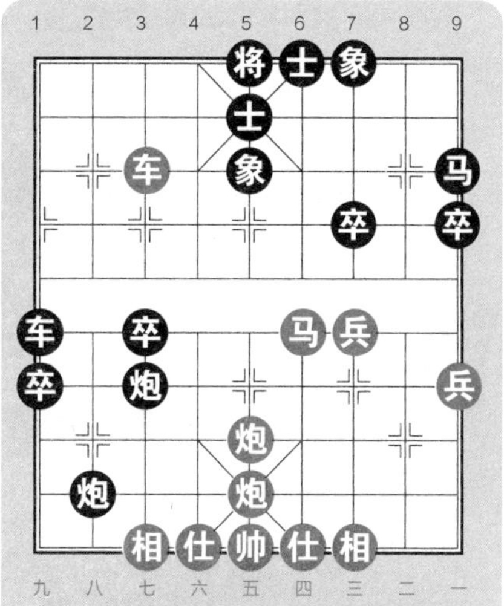

③ 马四进六　马 9 退 7

④ 炮五平六　将 4 平 5

⑤ 车五平八　炮 3 平 2　　⑥ 车八平七　前炮平 3

⑦ 马六进八

红方进马挂角弃车，精妙绝伦！黑方如接走将 5 平 4，则车七平六，将 4 平 5，马八退九，红胜。

图3-20

【第21局】

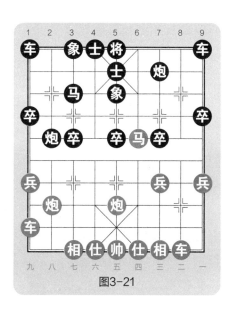

如图 3-21，红方先行。这是"句容茅山杯"全国象棋冠军邀请赛中洪智对徐天红弈成的形势。黑方布局不佳，此时虽多双卒，但双车未动，中象已暴露在红方的火力之下。实战中，红方紧握战机，首先炮轰中象，弃子取势。其后弃车杀士，锁定胜局。进攻着法如行云流水，令人赏心悦目！

① 炮五进五　士 5 进 6

图3-21

红方炮轰中象，极具威力。黑方如象 3 进 5，则马四进五，炮 2 退 3，车九平七，红方亦是攻势强劲。

②车九平七

红方横车捉 3 卒，可先手杀入主战场，着法紧凑有力！

②……	象 3 进 5	③马四进五	士 4 进 5
④车七进四	马 3 退 4	⑤炮八平五	炮 2 退 3
⑥马五退七	卒 5 进 1		

黑方如车 1 平 3，则马七进八，车 3 进 4，马八退六，将 5 平 6，马六退七，红方夺回一子大优。

| ⑦车七平五 | 车 1 平 3 | ⑧车二进六 | |

红方子力完全压过中场，黑方子力龟缩，位置极差，已经难以防守。

⑧……	炮 2 进 2	⑨马七退八	炮 2 退 1
⑩车五退一	炮 7 进 1	⑪马八进七	卒 9 进 1
⑫车五进四			

红方控盘后见时机成熟，果断弃车杀中士中路突破，势不可挡，精彩！

⑫……	将 5 进 1	⑬车二平五	将 5 平 6
⑭炮五平四	士 6 退 5	⑮车五进二	将 6 退 1
⑯马七进六	车 3 进 1	⑰车五平一	车 3 平 4
⑱车一进一	将 6 进 1	⑲车一退一	将 6 进 1
⑳车一平六			

黑方双车尽失，门户洞开，投子认负。

【第 22 局】

如图 3-22，红方先行。这是全国象棋甲级联赛中许银川对景学义弈成的局面。实战中红方抓住黑方阵形上的弱点弃炮打象，突破防御，入局着法一气呵成。

①炮五进二

红方弃炮打象，是取胜的要着。

①……　　　　车5退1

②车三进五　士5退6

③车二进二　将5进1

④车三平四　炮1退4

⑤兵五进一　车4退2

⑥炮九平六　车4平2

⑦炮六退一

红方退炮献炮，一击中的，令黑方顿感难以应付。

⑦……　　　　车5进2

⑧车四平五　将5平4　　　⑨车五平六

黑方如接走将4平5，则车二平五，将5平6，车六退一，车5退3，车六平五，红胜。

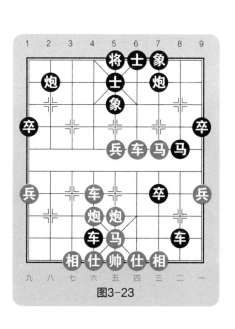

图3-22

【第23局】

如图3-23，红方先行。这是全国象棋个人赛中徐超对王天一弈成的形势。双方呈对攻之势，黑方有沉底炮的进攻手段，红方该如何应对呢？

①兵五进一

红方进中兵对局面的计算与判断有着正确的认识。此时如直接炮五进五，则象7进5，炮六平五，车8平5！仕四进五，车4退2，黑方多子占优。

图3-23

红方弃炮打象，是取胜的要着。

①……　　　　车5退1

②车三进五　士5退6

③车二进二　将5进1

④车三平四　炮1退4

⑤兵五进一　车4退2

⑥炮九平六　车4平2

⑦炮六退一

红方退炮献炮，一击中的，令黑方顿感难以应付。

⑦……　　　　车5进2

⑧车四平五　将5平4　　　⑨车五平六

黑方如接走将4平5，则车二平五，将5平6，车六退一，车5退3，车六平五，红胜。

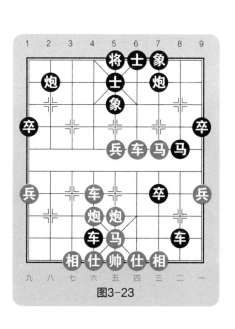

图3-22

红方弃炮打象，是取胜的要着。

①……　　　　车5退1

②车三进五　士5退6

③车二进二　将5进1

④车三平四　炮1退4

⑤兵五进一　车4退2

⑥炮九平六　车4平2

⑦炮六退一

红方退炮献炮，一击中的，令黑方顿感难以应付。

⑦……　　　　车5进2

⑧车四平五　将5平4　　　⑨车五平六

黑方如接走将4平5，则车二平五，将5平6，车六退一，车5退3，车六平五，红胜。

【第23局】

如图3-23，红方先行。这是全国象棋个人赛中徐超对王天一弈成的形势。双方呈对攻之势，黑方有沉底炮的进攻手段，红方该如何应对呢？

①兵五进一

红方进中兵对局面的计算与判断有着正确的认识。此时如直接炮五进五，则象7进5，炮六平五，车8平5！仕四进五，车4退2，黑方多子占优。

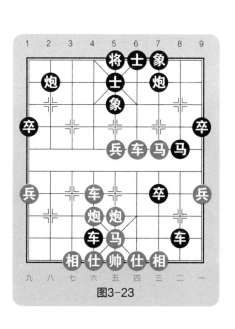

图3-22

图3-23

①……　　　　炮 2 进 8

黑方如象 5 进 7，则车四平七！炮 2 平 3，兵五平六，象 7 退 5，车六平八绝杀，红胜。

②炮五进五　象 7 进 5　　③炮六平五

此一时彼一时，红方此刻炮轰中象后平中炮腾挪，为解围之妙手！

③……　　　　车 4 退 2

黑方如车 8 平 5，则仕四进五，车 4 退 2，兵五进一，将 5 平 4，车四平八，马 8 退 7，马三退五，车 4 平 5，马五进六，车 5 退 4，炮五平六，红方胜势。

④炮五进五　士 5 进 4　　⑤马五进六　车 8 平 4

⑥仕四进五

红方补仕，着法老练，以下车马炮可大展拳脚。

⑥……　　　　车 4 退 2　　⑦马三进四　将 5 平 4

⑧车四平二

至此，红方已取得优势局面。

⑧……　　　　炮 7 平 5　　⑨相三进五　炮 5 进 2

⑩车二平五　车 4 退 3　　⑪马四退三　炮 2 退 6

⑫炮五平一　士 6 进 5　　⑬车五平七　炮 5 退 1

⑭车七进四　将 4 进 1　　⑮炮一进一　士 5 退 6

⑯马三进四

黑方难以抵挡红方车马炮三子联攻之势，遂停钟认负。

【第 24 局】

如图 3-24，红方先行。这是全国象棋个人赛中唐丹对左文静弈成的形势。实战中红方弃炮轰象打开黑方防御大门，最终弃车巧演杀局。

①炮八进五

红方进炮窥象，攻击点正确，令黑方防不胜防。

①……　　　　　车 5 平 2

②炮八平五　　象 3 进 5

③马七进五

红方弃炮换双象，发起猛烈攻击。

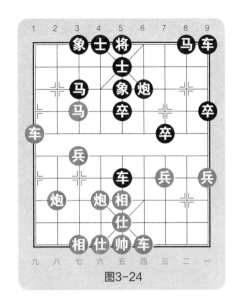

图3-24

③……　　　　　车 9 进 2

④车九平三　　车 9 平 7

⑤车三平二　　马 8 进 6

⑥马五进七　　将 5 平 6

⑦炮六平九　　马 6 进 8

⑧兵三进一　　车 2 平 1

⑨兵七进一　　马 3 进 1

⑩车四进四

红方进车抢守河口要点。

⑩……　　　　车 1 平 9　　　⑪相五退三　　炮 6 退 1

⑫炮九平四　　士 5 进 6　　　⑬车四进三

红方弃车砍士，精妙！黑方如接走车 7 平 6，则车二进二绝杀，红胜。

【第 25 局】

如图 3-25，红方先行。这是全国象棋甲级联赛中许银川对何文哲弈成的中局形势。在看似平稳的局面下，红方敏锐地找到黑方棋形上的弱点，展开有力的攻击！

①马四退二　　车 7 进 2

②炮二进五　　车 7 平 8

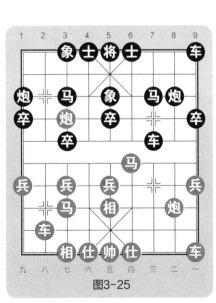

图3-25

红方正面似乎没什么进攻的机会，此时"回马金枪"声东击西，迂回战术运用得非常之精妙！

③炮二平五　象3进5

红方炮打中象打破黑方右翼的防守。黑方如炮1平5，则炮七进三，士4进5，炮七平九，将5平4，车一进一，红方攻势强大。

④车八进六　炮1退2　　⑤车八平七　马7进6

红方先弃后取，夺回一子，赚得一象，局面占优。

⑥车一进一

红方右车左调，行棋思路清晰、准确！

⑥……　　　车8平6　　⑦炮七平八　炮1平2

⑧车一平六

红方双车炮围攻黑方右翼，黑方处境已是非常艰难。

⑧……　　　车9平8　　⑨仕六进五　车8进5

⑩兵七进一

红方兑兵控点，着法简明有力！

⑩……　　　卒3进1　　⑪相五进七　士6进5

⑫车六进七　车8进4

黑方右翼守无可守，下底车放手一搏，但速度明显落后。

⑬炮八进二

红方进炮窥士，一击中的！是攻杀入局的有力手段！

⑬……　　　将5平6　　⑭炮八平五　士4进5

⑮车七进二　将6进1　　⑯车七平八　马6进5

⑰车八平五　车6进3

黑车杀仕亦是于事无补，此时败局已定。

⑱仕五退四　车8平6　　⑲帅五进一　马5进3

⑳车六退六　车6退1　　㉑帅五退一　马3退1

㉒相七进九　卒5进1　　㉓车五平一

至此，黑方认负。

第四章　车破相（象）

【第1局】

如图4-1，黑方先行。这是十五省市邀请赛中王嘉良对胡荣华弈成的形势。双方呈对攻之势，实战中黑方弃车杀相，找到进攻的突破口，着法赏心悦目。

① ……　　　车4平7

黑方以车换相，车马强攻，算度精准，是获胜的关键之着。

②相五进三　车8平7

③仕五退四　马4进6

④帅五进一　车7退1

⑤帅五进一　马6退5

⑥兵五进一　将5平4

黑方出将助攻，着法精妙！

⑦车一平六

红方如走炮八退四，则炮9平5，也是黑胜。

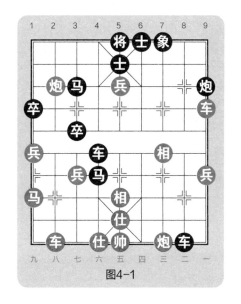

图4-1

⑦ ……　　　马5退4　　　⑧炮八平一　马4进5

⑨兵五进一　将4进1　　　⑩车八进八　将4进1

⑪炮一平四　车7退1　　⑫帅五退一　车7平1

⑬车八退七　马3进4　　⑭车八平六　车1平4

至此，红方认负。

【第2局】

如图4-2，红方先行。这是全国象棋个人赛中徐天利对陈孝坤弈成的形势。双方子力相当，但红方子力灵活，黑方有右车晚出之弊。面对黑炮捉马，红方如何应对呢？实战中红方沉底炮，弃马取势，最终车双炮构成杀势。

①炮一进三

红方沉底炮，弃马取势，正确的选择。如改走马八进九，则车1平2，炮八平六，车2进6，红方无进取手段。

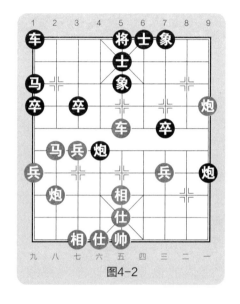

图4-2

①……　　　　炮4平2

黑方如改走马1退3，则马八进七，也是红方优势。

②车五进二　马1退3　　③车五平七　车1进1

④炮一退一　炮9平1　　⑤炮八进一　车1进1

⑥炮八平五　士5进6　　⑦车七进一　车1平4

⑧车七退二　炮1平7　　⑨车七平五　将5平4

⑩车五平八　炮2平1　　⑪车八平九

红方借捉炮之机顺势扫荡黑卒，老练的走法。

⑪……　　　　炮1平2　　⑫车九平八　炮2平1

⑬兵七进一

红方驱兵助战，如虎添翼。

⑬……　　　炮1平9　　　⑭车八进三　将4进1

⑮车八平四　象7进5

黑方如改走炮9进4，则车四退一，将4退1，炮一进一，象7进9，炮一退九，红方得子胜定。

⑯车四退二　车4进4　　　⑰车四进一　将4退1

⑱车四进一　将4进1　　　⑲炮五平四（黑方认负）

【第3局】

如图4-3，红方先行。这是"北方杯"象棋国手赛中胡荣华对赵国荣弈成的形势。双方子力纠缠之际，红方突施妙手弃车砍象，简化成明显优势的局面。最终凭借雄厚的实力，稳步推进，取得胜利。

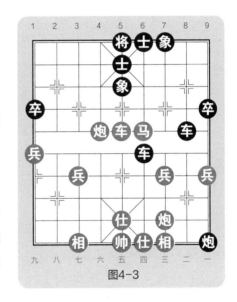

图4-3

①车五进二

红车砍象，先弃后取，着法正确！如误走马四进五，则车6进4，仕五退四，车8平5，帅五平六，象7进5，黑方胜定。

①……　　　象7进5　　　②炮六平二　士5进6

③马四进六　士6进5　　　④马六进七　将5平4

⑤炮二平六

红方多兵多相，子力位置优良，虽然无车也明显优于黑方。

⑤……　　　车6平4　　　⑥马七退八　炮9平8

⑦炮三平二

红方平炮拦住黑炮，不让黑炮撤回助战，老练。

⑦……　　　将4平5　　　⑧相七进五　将5平6

⑨ 兵七进一	卒 9 进 1	⑩ 兵三进一	车 4 进 1
⑪ 炮二进五	车 4 平 6	⑫ 炮二退四	车 6 退 2
⑬ 炮六进一	象 5 退 3	⑭ 马八进七	士 5 进 4
⑮ 炮六平八	车 6 退 1	⑯ 兵七进一	象 3 进 5
⑰ 炮八平六	车 6 平 5	⑱ 炮六退二	象 5 进 3
⑲ 兵三进一			

红方双炮马占据好位，弃掉七路兵后，三路兵乘机渡河，黑方亦难抗衡。

⑲ ……	车 5 平 6	⑳ 炮六平八	车 6 进 2
㉑ 炮八进四	士 6 退 5	㉒ 炮八退五	车 6 进 1
㉓ 炮八进一	车 6 退 1	㉔ 炮八退一	车 6 进 1
㉕ 炮八进一	士 5 进 6	㉖ 兵三进一	炮 8 退 1
㉗ 兵三进一	士 4 退 5	㉘ 兵三进一	炮 8 平 7
㉙ 兵三进一			

红兵冲至底线，控制黑方主将，巧妙！

㉙ ……	将 6 进 1	㉚ 炮八进四	车 6 平 8
㉛ 炮二平四	车 8 平 6	㉜ 相五进七	象 3 退 5
㉝ 仕五进六	炮 7 平 4		

红方高仕露帅伏杀，黑方如车 6 进 1，则马七退五，士 5 进 4，马五进六，红胜。

㉞ 马七退五	士 5 退 4	㉟ 马五退七	

至此，黑方认负。如续走车 6 进 1，则马七进六，士 6 退 5，马六退五，将 6 进 1，马五退三，红胜。

【第 4 局】

如图 4-4，红方先行。这是全国象棋团体赛中李国勋对黄勇弈成的形势。红方多子，黑方有攻势。实战中红方弃车杀象，其后着法环环紧扣，精彩纷呈。

①车三平五

红方弃车杀象，暗含解杀还杀的手段，精妙绝伦！

①……　　　马7退5

黑方退马兑炮，实属无奈。另有两种走法，红方均可速胜。

着法1：车1进1，车五平九，车1退6，炮五进四，车1平5，车二平五，红方胜定。

着法2：象3进5，炮五进四，车1退7，炮七平五，车6平7，后炮进三，将5平6，后炮平四，红方胜定。

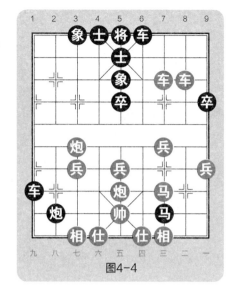

图4-4

②车五平八　马5进7　　③车八平七　象3进5

④车七平五　车1退7　　⑤车五退一　炮2退4

⑥相七进九

红方飞相拦车解杀，巧着！

⑥……　　　车1平2　　⑦炮七进一　车6进9

⑧车二进二　车6退9　　⑨车二平四

红方兑车简化局势，可以稳中取胜。

⑨……　　　将5平6　　⑩车五平四　士5进6

⑪车四进一　将6平5　　⑫炮七平五　炮2平1

⑬帅五平四

红方出帅解杀，取胜的紧要之着。

⑬……　　　车2进4　　⑭炮五退一　车2平4

⑮马三进四　车4进4　　⑯仕六进五　马7退6

⑰马四进三　马6进8　　⑱帅四退一（黑方认负）

【第5局】

如图 4-5，红方先行。这是
"净安杯"象棋名人赛中吕钦对胡
荣华弈成的形势。双方互争先手
之时，红方舍马破象，再炮轰底
士，展开凌厉的攻势，最终取得
胜利。

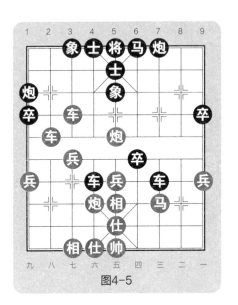

图4-5

① 车七进三　炮 1 进 4

红方用车吃象，暗伏杀机。
黑方如接走炮 7 进 7 打马，则炮
六进七！车 4 退 5，车八进四绝
杀，红胜。

② 车八进三　马 6 进 7

③ 车七退二　马 7 进 6　　　④ 炮六进七

红方步步紧逼，此时再弃炮轰士，着法凶悍！

④……　　　将 5 平 4　　　⑤ 车八平五　象 5 进 3

⑥ 车七平四　马 6 退 7　　　⑦ 炮五平二

红方平炮马口催杀，煞是精彩！

⑦……　　　炮 7 平 8　　　⑧ 车五平三　将 4 平 5

⑨ 车四平三

红方夺回一子后，黑方藩篱尽失，局面相差悬殊，黑方认负。

【第6局】

如图 4-6，红方先行。这是象棋棋王挑战赛中李来群对胡荣华弈
成的形势。局面看似平静，实则暗流涌动。实战中红方抓住黑方左翼
空虚的弱点，沉车底线攻象，切入要害，一举取得了胜利！

① 车二进九

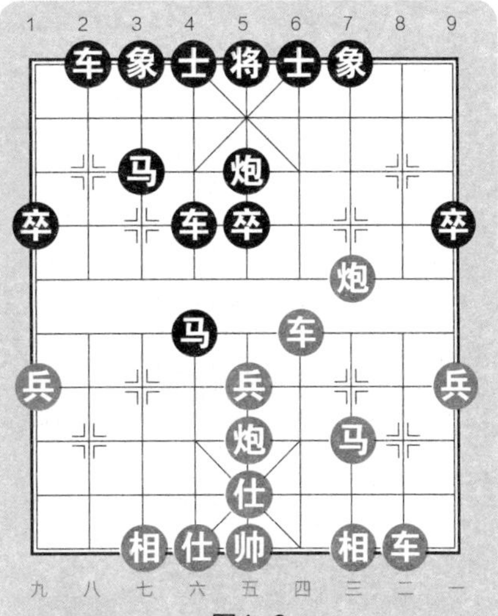

红车下底捉象，率先发动攻势，进攻线路精准有力！

① ……　　　车 2 进 4

② 车二平三　士 4 进 5

③ 车三退三

红方破掉黑象，黑方防线立刻出现漏洞，防不胜防。

③ ……　　　车 4 退 1

黑方退车亦属无奈。如改走马 4 进 5，则相三进五，将 5 平 4，车四平七，红方亦大占优势。

图4-6

④ 炮三退一　马 4 进 2

⑤ 车四平七　将 5 平 4　　　⑥ 车七退一

红方退车蹩马，攻不忘守。

⑥ ……　　　象 3 进 1　　　⑦ 车三平五　炮 5 平 7

⑧ 车五平七　车 2 平 3　　　⑨ 炮五平六　将 4 平 5

⑩ 炮三平五

红方乘势架上中炮，已牢牢地控制住了局势。

⑩ ……　　　炮 7 平 5　　　⑪ 后车进二　象 1 进 3

⑫ 马三进二　马 2 进 4　　　⑬ 仕五进六　车 4 进 3

⑭ 帅五平四　马 3 退 1　　　⑮ 车七平九　马 1 退 3

⑯ 车九进三　车 4 退 5　　　⑰ 马二进一

红方净多三兵一相，黑方难以抗衡，遂停钟认负。

【第7局】

如图 4-7，红方先行。这是全国象棋个人赛中许银川对李洪滨弈成的形势。双方各攻一翼，黑方多一象，子力略占优。实战中红方进攻思路清晰，从底线抢先发起攻击，在对攻中捷足先登。

①车二进七

红方弃马沉车捉象，是弃子取势的有力手段。

①……　　　　炮3退1

②兵四进一　车2进4

黑方如改走炮3平1，则车二平三，炮1退2，车三平二，将5平4，炮三进二，将4进1，兵四进一，马3进4，炮三退一，马2退3，车四平五，将4平5，兵四进一，将5退1，车二平四，红胜。

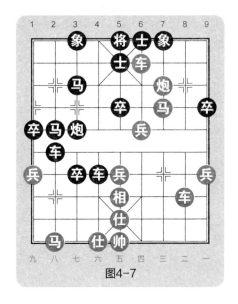

图4-7

③车二平三

红方平车杀象，是抢先入局的有力之着。

③……　　　　将5平4

黑方出将无奈，如改走车4退4，则车三平四，士5退6，炮三进二，士6进5，马三进二绝杀，红胜。

④炮三进一　将4进1

黑方如改走炮3平4，则车四平五，马3退5，车三平四，红胜。

⑤车三平四　马2退4

黑方如改走炮3平6，则前车平五，黑方亦难应。

⑥后车平五

红方弃车杀士，精妙！

⑥……　　　　将4平5　　⑦马三进四　将5进1

⑧兵四进一　将5平6　　⑨马四进六

红方连弃车兵，构成妙杀！

【第8局】

如图4-8，红方先行。这是象棋棋王挑战赛中赵国荣对郑祥福弈成的形势。红方多一子但左马受攻，实战中红方并没有消极防守，而是弃车砍象，演成了一则精彩的杀局。

①车二平五

红方车砍象，出人意料，入局着法甚是精彩！

①……　　　车2平3

黑方无奈，如改走象7进5，则车五进一，下一步炮二进三闷宫杀，红胜。

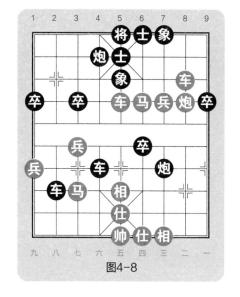

图4-8

②炮二进三　炮4平2　　③前车进一　将5平4

④前车平八　炮7平5　　⑤车五进三

至此，黑方认负。红方献车连将杀，以下黑方势必将4平5，则车八进一，车4退6，马四进三，将5进1，炮二退一，红胜。

【第9局】

如图4-9，黑方先行。这是亚洲象棋城市名手赛中翁德强对阎文清弈成的形势。黑方布局即弃子抢攻，此时如何突破红方的防守壁垒呢？

①……　　　车4进7

黑方进车士角，着法刁钻，由此吹响总攻的号角。

②仕六进五

黑方有炮7进3打相的手段，红方应对起来颇为棘手，但此时补仕是速溃之着。

②……　　　　　车 4 平 5

黑方强行以车砍相，妙手突破，令人称绝！

③马三退二

红方如相三进五，则炮 9 进1，马三退二，炮 7 进 3，相五退三，炮 9 平 7，黑方双杯献酒，闷宫杀。

③……　　　　　炮 9 进 1

④马二进一　　车 8 平 9

黑方进攻中破相谋马，保持着猛烈的攻势。

⑤帅五平六　　车 9 平 6　　　　⑥前炮平四　　车 5 进 1

⑦马八进六　　车 5 平 7

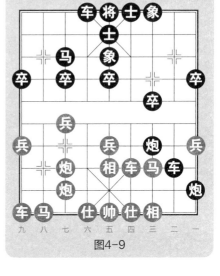

图4-9

虎口献车，一锤定音！红方如接走炮四平五，则炮 7 进 3，炮五退二，炮 7 平 5，炮七平三，炮 5 平 1，黑方得子必胜。至此，红方认负。

【第 10 局】

如图 4-10，红方先行。这是全国象棋团体赛中宋国强对谢卓淼弈成的形势。双方子力隔河相望，看起来非常平稳。实战中红方利用中路叠炮的火力，走出一击致命的凌厉手段。

①车六进四

红方进车捉象巧妙，一击中的！

①……　　　　　车 6 进 3

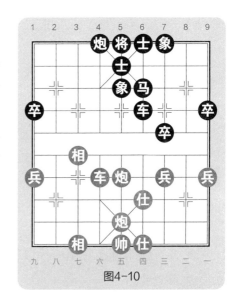

图4-10

面对红方车硬吃中象的手段，黑方守无可守。如改走炮 4 平 3，则帅五平六，铁门栓杀。

②车六平五　炮 4 进 4

红方中路开花，已势不可挡。黑方不能象 7 进 5 吃车，否则后炮进六，红胜。

③车五进一　将 5 平 4　　④后炮平六

黑方防线顷刻崩塌，只得投子认负。

【第 11 局】

如图 4-11，红方先行。这是全国象棋个人赛中吕钦对郑乃东弈成的形势。实战中红方抓住黑方象位不佳的弱点，车吃边象，展开了全面攻击。

①车三平一

红车不吃马而破象，谋求攻势，着法凶狠。

①……　　　　前炮平 2

②车一平三　马 3 退 4

③炮四平三　将 5 平 4

黑方如改走士 5 进 6，则车三进一，红方速胜。

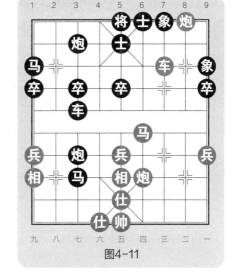

图4-11

④炮三进七　将 4 进 1　　⑤车三平九　车 3 平 7

⑥炮三退三　车 7 平 6　　⑦炮二退一　车 6 退 3

⑧炮三退二　马 4 退 6

黑方如改走车 6 平 8，则炮三平六，黑方难应。

⑨车九平四　车 6 平 8　　⑩车四退二　炮 2 平 9

⑪车四平六　士 5 进 4　　⑫马四进五　将 4 退 1

⑬车六进二　将4平5　　⑭炮三平五　炮3平5

⑮马五进四

以下黑方如躲炮，则车六进二，将5进1，马四退五，红胜。

【第12局】

如图4-12，红方先行。这是"五羊杯"象棋冠军赛中吕钦对徐天红弈成的形势。红方在中路及两肋重要线路上均有子力布控，如何完成合围，形成有威胁的攻势呢？

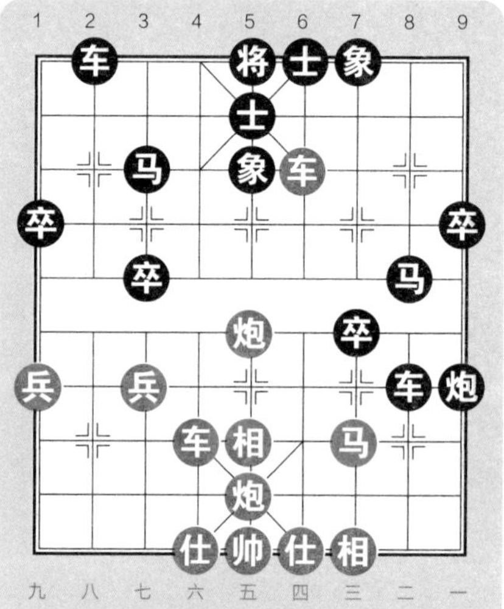

①相五退七

红方退相闪露炮路，将攻击点瞄准至黑方中象，攻势呼之欲出，颇为犀利！

①……　　　车2平4

黑方无法防范中象这一点，平肋车拼兑也属必然。

②车四平五

红方潇洒用车硬砍中象，双车同时置于对方虎口，场面十分精彩！

②……　　　车8平5

黑方献车，是唯一的解着。如走车4进7，则车五平六！象7进5，后炮进六，红胜。

③马三进五　象7进5　　④前炮平六

红方平炮拦截好棋，保持攻势的必走之着！

④……　　　马8退6

黑方应走卒7平6较为顽强。

⑤炮五进六　士5进6　　⑥炮六进二　马3进5

图4-12

⑦ 车六进三　　马 6 进 8

黑方如马 5 进 6，则马五进四！车 4 进 1，车六平七，红方大优。

⑧ 炮六进二

红方进炮，暗伏炮六平五抽车的手段。

⑧ ……　　　马 5 退 3　　　⑨ 车六平二　　车 4 进 1

⑩ 马五进三　　车 4 进 4　　　⑪ 马三退一　　车 4 平 5

⑫ 相三进五　　车 5 退 3　　　⑬ 车二平七

红方进攻的轻重缓急拿捏得恰到好处！将局势简化成明显优势的残局，黑方已难求和。

⑬ ……　　　马 3 退 4　　　⑭ 车七进一　　车 5 进 2

⑮ 马一进三　　车 5 平 1　　　⑯ 马三进二　　士 6 进 5

⑰ 车七平三　　将 5 平 6　　　⑱ 马二进三　　马 4 进 2

⑲ 马三退一　　将 6 平 5　　　⑳ 车三进三

黑方见难挡红方车马的攻势，投子认负。

【第 13 局】

如图 4-13，红方先行。这是全国象棋个人赛中洪智对胡荣华弈成的形势。红方多一子，但黑方有反攻手段。双方子力犬牙交错之时，红方突施弃车砍象妙手，控盘取胜，煞是精彩！

① 车七进二

红方舍车硬砍黑方底象，着法犀利，高瞻远瞩！

① ……　　　车 2 平 3

② 马七退六　　炮 8 进 3

红方化解了黑方的反击手段，

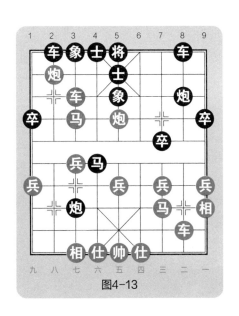

图4-13

两翼均对黑方子力形成牵制。黑方如改走车3进5，则马六进四，红方亦大占优势。

③兵三进一　　卒7进1　　　④相一进三

黑方子力受制，无疑只能是坐以待毙，索性投子认负。如续走炮8退1，则马六进四，车3进5，相三退五，车3退2，马四进五，红方胜定。

【第14局】

如图4-14，红方先行。这是全国象棋甲级联赛中许银川对孙庆利弈成的形势。红方利用黑方棋形上的弱点，精准打击，迅速获胜。

①后炮进二

红方用炮捉车，恰到好处！如急于走车五进一，则炮1平5，仕四进五，炮5平7！黑方势必能兑掉一子，红方不满意。

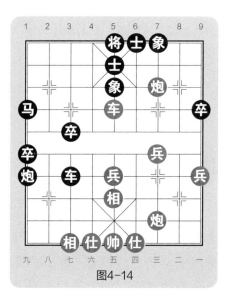

图4-14

①……　　　　炮1平5

②仕四进五　　马1退3

黑方此时车马同时被捉，已无良策。

③车五进一　　马3退4

红车砍中象，黑方崩溃。此时不能象7进5，否则前炮进二，象5退7，炮三进六，红方双杯献酒，形成闷宫杀。

④前炮平二

红方平炮形成绝杀，黑方认负。

【第15局】

如图 4-15，红方先行。这是全国象棋甲级联赛中赵国荣对尚威弈成的局面。在中局纠缠中，红方抓住黑方棋形上的弱点，中路突破，妙手破象而胜。

①兵五进一

红方谋势为上，思路正确！如车七退三，则马6进7，车七平六，车4退1，黑方捉回一子，红方无便宜。

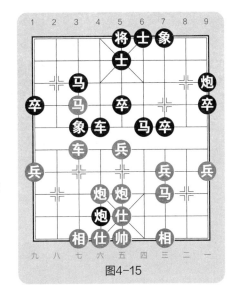

图4-15

①……　　　　　卒5进1

②马七退五

红方妙手弃马，打通中路，黑方顿时难以应付。

②……　　　　车4平5　　　③车七进一　　车5进1

④车七进二　　炮9平4

无奈，黑方如改走象7进5，则车七退六，黑方立即丢子。

⑤车七进二　　后炮退2　　　⑥车七退五　　后炮进5

红方次序井然，黑方如不进炮而选择车5退2，则炮六平八，黑方同样难以应付。

⑦炮六平八　　象7进5　　　⑧炮八进七

红方天地炮两路夹击，攻势锐利。

⑧……　　　　将5平4　　　⑨炮五平六　　士5进4

⑩车七退三　　将4平5　　　⑪炮六平九　　车5退2

黑方如改走前炮退2，则车七进八，将5进1，车七退一，将5退1，炮九进四绝杀，红胜。

⑫车七平六

红方得子胜定，余着从略。

【第16局】

如图4-16，红方先行。这是全国象棋甲级联赛中邱东对景学义弈成的形势。双方子力相等，局面看似风平浪静。实战中，红方胆大心细，强杀底象掀起波澜。

① 车七进五

红方强行杀象，实出黑方所料，是取胜的关键之着。

① ……　　　炮2平3

② 马七进九　炮3平1

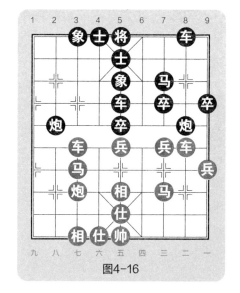

图4-16

黑方如误走炮3进5，则相五退七，象5退3，马九进七打闷宫兼捉车，红方大占优势。

③ 车七退二　将5平6　　④ 兵三进一　卒7进1

⑤ 马三进四　马7进6　　⑥ 兵五进一　卒7进1

⑦ 兵五进一　卒7平8　　⑧ 车七平五

红方平车砍象，简明有力！

⑧ ……　　　炮1平3　　⑨ 车五平七　卒8平7

⑩ 马九进七　卒7平6　　⑪ 炮七平八

以下黑方如车8进3，则炮八进四，黑车无路可走，黑方遂停钟认负。

【第17局】

如图4-17，红方先行。这是全国象棋大师冠军赛中薛文强对朱琼思弈成的形势。实战中红方紧握战机，弃车砍底象，取势为上，显示了很强的大局观。

①车三进六

红车不吃炮而杀象取势，是迅速扩大主动的紧凑有力之着！如改走车三退一，则士5退4，红方无便宜可占。

①……　　　士5退4

②车三退一

红方退车伏"抽将"手段，是杀象后的有力后续着法，由此渐入佳境！

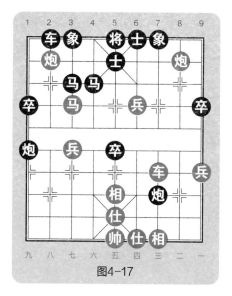

图4-17

②……　　　士6进5

③车三退六　马4进6

④车三进四　马6退4　　⑤车三平一　士5退6

⑥炮八平三　车2进9　　⑦仕五退六　炮1进4

⑧炮三进一　将5进1　　⑨车一平五

黑方如续走将5平6，则炮三退一，将6进1，车五平三绝杀，红胜。

【第18局】

如图4-18，红方先行。这是全国象棋甲级联赛中赵国荣对潘振波弈成的形势。双方各自的六个大子俱在，红方出子速度领先。此时红方突施妙手，一举突破黑方防线。

①马二进三

红方送马象口，强行突破，精妙之着！

①……　　　象5进7

黑方如炮6平7，则马三进四，车8平6，炮五平四，黑方有失子之忧，以下如续走马6进5，则炮四进六，马5退3，炮四平一，将5进1，车三进六，将5平4，炮八平六，红方得子胜势。

②车三进四　马6退5

红方不吃马而吃象着法凶狠，造成黑方棋形失调。

③车三进二　士6进5

红方进车捉士角炮次序井然。顿挫战术逼对方补士，再先手吃象。黑方如士4进5，则炮五平三打闷宫。

④车三进二　士5退6

⑤车三退二　士4进5

⑥兵五进一

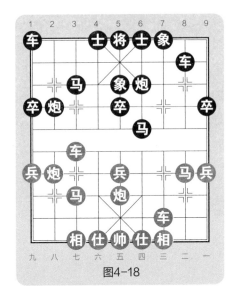

图4-18

红方一马换取黑方两个象，对子与势的判断非常准确，弃马而夺势。此时进中兵从中路进攻，可以充分发挥两门大炮的威力。"缺象怕炮攻"，黑方虽多一个大子，但此时中马不如两个象的防守作用大，已经很难抵挡红方的攻势。

⑥……　　车8进5　　⑦炮八平三　炮2退3

⑧炮五进一　车8进1　　⑨马七退五

红方退马准备车三平二叫闷宫得车，也可以走炮五进三，则马3进5，车三平二，车8平7，车七进五，士5退4，车二平四，车1进2，炮三平五，红方胜势。

⑨……　　车8退4　　⑩兵五进一　车1进1

黑方如炮2平3，则车七平五，马5进3，兵五进一，将5平4，车三退二，红方攻势强大。

⑪兵五平六　马3进4　　⑫炮五进四　马4退5

⑬车七进五　士5退4　　⑭车七平八

红方吃回一子，胜势。

【第 19 局】

如图 4-19，红方先行。这是全国象棋个人赛中赵鑫鑫对陈富杰弈成的形势。双方虽然子力相等，但红方子力占位较好，巧妙组织正面攻势，演绎成一则精彩的杀局。

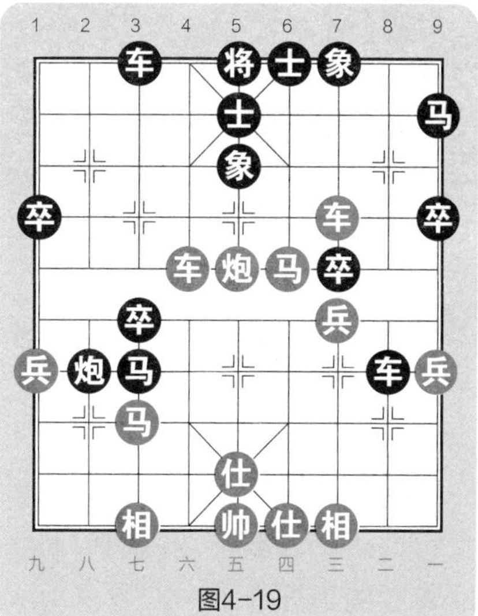

①车三进三

红方弃车砍象破防，是迅速取胜的精彩之着！

①……　　　卒 3 平 4

黑方如改走马 9 退 7，则马四进五绝杀，红胜。

②车六进三

红方进车继续催杀，不给黑方喘息之机，紧凑有力！

②……　　　马 9 退 7　　③马四进五　马 7 进 6

④车六退二（绝杀，红胜）

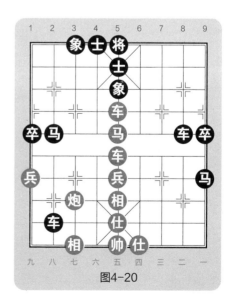

图4-19

【第 20 局】

如图 4-20，红方先行。这是"珠晖杯"象棋大师邀请赛中孙勇征对郑一泓弈成的形势。盘面上双方子力相当，但红方双车马炮处于中心区域，位置极佳。实战中，红方实施弃车抢攻手段，迅速取得胜局。

①前车进一

图4-20

红方车杀中象，击破对方防守，入局佳着！

①……　　　　车8平6

黑方平车占肋，无奈之举。如改走象3进5，则炮七进七，象5退3，马五进六，将5平6，车五平四，红胜。

②马五进四　将5平6　　　③马四进二　将6平5

④前车平一

形成绝杀之势，黑方认负。

【第21局】

如图4-21，黑方先行。这是全国象棋个人赛中许银川对赵金成弈成的中局盘面。双方子力犬牙交错，呈对攻之势。黑方先发制人，发动攻势。

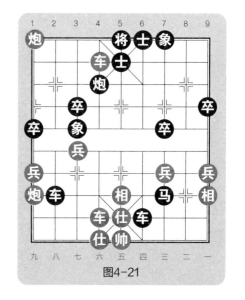

图4-21

①……　　　　车6平9

黑方车平边路，杀法刁钻！

②后车进五

红方如相一退三，则车9进1，仕五退四，马7进6！红方难以抵挡。

②……　　　　车9退1

黑车破相后，红方子力不能形成联防，已经难挽颓势。

③相五退三　车9进2　　　④仕五退四

红方如炮九平三，则车9平7，仕五退四，车2平5！仕六进五，士5进6！后车退五，车5平6！前车进一，将5进1绝杀，黑胜。

④……　　　　车2平5

至此，红方认负。以下如续走仕六进五，则车5进1，仕四进五，车9平7，仕五退四，车7平6，黑胜。

【第22局】

如图4-22，黑方先行。这是全国象棋个人赛中孙勇征对郑惟桐弈成的形势。实战中黑方抓住红方右翼空虚的弱点，穷追猛打获得胜利。

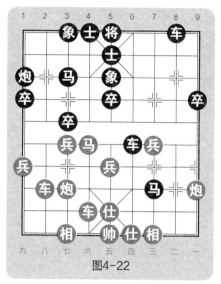

图4-22

①……　　　　车8进9

黑车沉底捉相，进攻线路精准，令对方防不胜防。

②兵七进一　车8平7

③马六退五　炮1进4

④兵七进一

红方如改走炮七进五吃马，则马7进5，帅五进一，车7平6，黑方胜势。

④……　　　　马3退1　　⑤相七进九　炮1退2

⑥车八进三　车6进3　　⑦炮七退二　车7平9

⑧炮一平二　车9平8　　⑨车八平二　象5退7

黑方退象先防，不让红方有机可乘，着法老练。

⑩马五进七　炮1平6　　⑪仕五进四　炮6平5

至此，红方难以应付，投子认负。

【第23局】

如图4-23，红方先行。这是第四届全国智力运动会象棋赛中黄竹风对林文汉弈成的形势，双方布局刚告一段落。红方子力占位优越，黑方右翼子力密集，孕育着反击的手段。红方此时如何抓紧时机展开有力攻击呢？

①车二进七

红方右车攻象，攻击点准确！

① ······　　　车2进8

② 仕四进五　卒3进1

③ 兵七进一　炮4进1

④ 车二平一

红车破掉黑方一象，黑方左翼露出破绽。

④ ······　　　象5进3

⑤ 炮四平二　象3退5

红方平炮侧攻，着法犀利！黑方不能炮4平9吃车，否则炮二进七，马7退8，炮三进三闷宫杀。

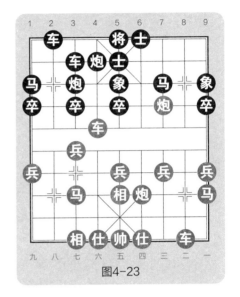

图4-23

⑥ 马七进六　车2平4　　⑦ 炮二进六　车3退1

⑧ 车六进二　士5进4　　⑨ 车一平三　马1进3

红方一车换双突破黑方防线，干净利索。

⑩ 炮二进一　象5退7

黑方如士6进5，则帅五平四，解杀还杀，黑方也是败局。

⑪ 炮三进三

至此，黑方认负。

【第24局】

如图4-24，黑方先行。这是全国象棋甲级联赛中王天一对张申宏弈成的形势。红方车炮兵与黑方车马卒比拼进攻速度，黑方构思出巧妙的破防手段，抢杀在前。

① ······　　　车6平7

黑车吃相果断破防，胸有成竹。

② 车二进四　卒5进1

红方下底车叫杀也是骑虎难下。黑方弃卒作杀，利刃出鞘，着法精妙！

③帅五进一

红方如帅五平六，则卒5平4，帅六进一，车7平4，帅六平五，车4平5，帅五平四，士5进6，与实战杀法大同小异。

③……　　　车7平5

④帅五平四　士5进6

帅高多危，黑方先手用车将军抢占中路，再扬士露将，形成对面笑的绝杀之势。

⑤炮一平三　将5进1　　⑥兵三平四　马4退6（黑胜）

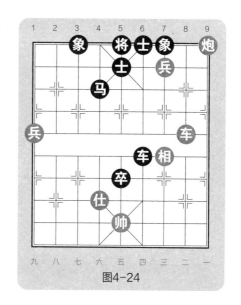

图4-24

【第25局】

如图4-25，红方先行。这是"一带一路"深圳象棋国际邀请赛中曹岩磊对黎德志弈成的形势。红方抓住对方阵形不稳的弱点发动攻势，最终破象获胜。

①车八进九

红方下底车攻象，构思深远！

①……　　　车4退1

②兵七进一　卒3进1

③炮六平七　象3进1

④车八平六　将5平4

⑤车五平三

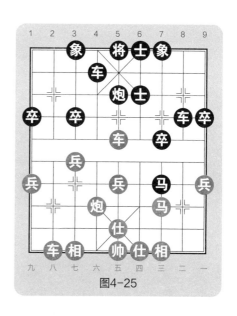

图4-25

红方腾挪有术，逼兑黑方肋车，赢得这步决定全局走向的先手。

⑤…… 马7退8 ⑥马三进四 马8进9

⑦车三进四

红车杀底象为胜利奠定了基础。

⑦…… 将4平5 ⑧马四进三 炮5退1

黑方如炮5平4，则马三进五，黑方不好防守。

⑨炮七平四

红方平炮叫杀，扩大战果！以下黑势散乱，已难抵挡红方车马炮的联合攻击。

⑨…… 将5平4 ⑩马三进五 车8平5

⑪炮四平五 车5平4 ⑫车三平四 将4进1

⑬炮五平六 车4平5 ⑭车四退二 马9进7

⑮车四退二 将4进1 ⑯马五进三 炮5进5

⑰相七进五 将4退1 ⑱车四平六（黑方认负）

第二部分　杀仕（士）篇

仕（士）是帅（将）的贴身卫士，是保护帅（将）的最后一道防线。丢仕（士）则主帅（将）暴露，危险性明显增加。在对方缺仕（士）的情况下，以双车威胁九宫禁区，威力巨大。故而棋谚云"缺士怯双车"。在象棋战斗中，杀掉对方仕（士）往往可以迅速获得胜利，是非常犀利的一种进攻手段。杀仕（士）同样可用兵（卒）、马、炮、车四种子力中的任意一种进行诛杀。采用弃子杀士的手段，常常令对手防不胜防，措手不及，演绎出许多精彩的入局场面。

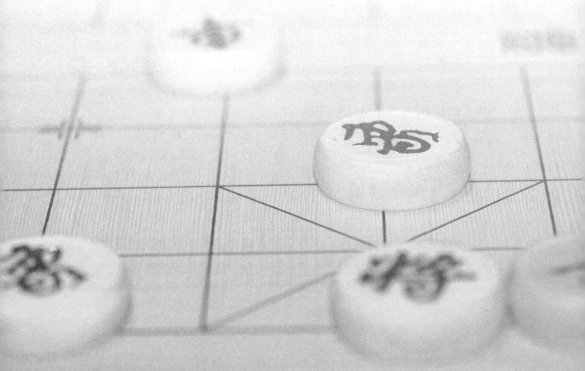

第五章 兵（卒）杀仕（士）

【第1局】

如图5-1，红方先行。这是全国象棋个人赛中王嘉良对胡荣华弈成的形势。红方此时优势明显，果断弃兵破士，突破黑方防线，入局着法干净利索。

①前兵进一

红兵破士，入局佳着！由此演成精妙杀局。

①……　　　　将5进1

②炮五平七

红方平炮闪将，黑方认负。以下如接走将5平4，则车五平六，将4平5，炮八平五，将5平6，车六平四，红胜。

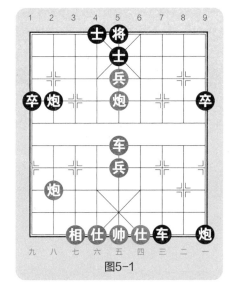

图5-1

【第2局】

如图5-2，黑方先行。这是全国象棋个人赛中季本涵对杨官璘弈成的形势。黑方马炮双卒攻红方马炮仕相全，战术手段运用得当，老兵建功，精彩入局，着法引人入胜。

①……　　　马6进8

黑方进马窥视卧槽，暗保3路卒，着法有力！

②炮一进三　卒3平4

③相五进七　马8进7

④帅五平四　卒4进1

黑方小卒杀入底线，破仕叫杀，迅速入局之着。

⑤炮一平五　卒5平6

⑥仕六退五　卒6进1

妙！双管齐下，对方两难兼顾。

⑦仕五退六　卒6进1　　　⑧帅四平五　卒6平5

⑨帅五平四　卒5进1（黑胜）

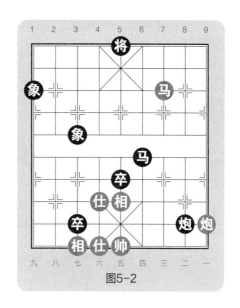

图5-2

【第3局】

如图5-3，红方先行。这是全国象棋团体赛中朱亮对孙跃先弈成的形势。实战中红方弃兵引将，借助先手构成"二鬼拍门"杀势，令黑方防不胜防。

①兵六进一

红方弃兵破士，取胜的关键之着。

①……　　　将5平4

②车二平六　将4平5

③车四进六　车7退1

④车六进四　士5进6

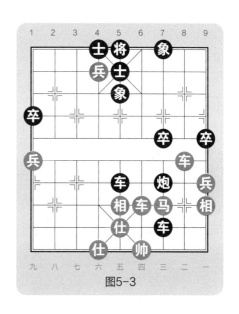

图5-3

⑤车四退一　炮7平6　　⑥车四进一　象5进3

⑦车六平八　车5平4　　⑧车八平五（红胜）

【第4局】

如图5-4，红方先行。这是全国象棋个人赛中陈孝坤对王嘉良弈成的形势。红方多兵但藩篱尽失，黑方士象俱全防卫能力较强。实战中红方紧握战机，献兵破士，一气呵成巧妙成杀。

①后兵进一

红方献兵破士，一举打破黑方看似稳固的防线，构思十分精巧。

①……　　　士5进4

黑方以士吃兵，无奈之着。

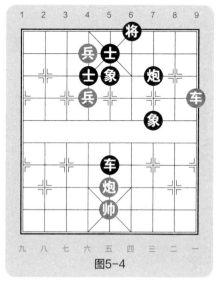

图5-4

如改走炮7平4，则兵六平五，红方速胜。

②车一平四　将6平5　　③帅五平四　士4退5

④车四进二

红方进车演成"二鬼拍门"之势，红胜。

【第5局】

如图5-5，红方先行。这是全国象棋个人赛中杨官璘对言穆江弈成的形势。车双兵对车士象全的残局，黑方如应对得当，一般来说应是和棋，但此局红方车双兵已成"二鬼拍门"之势，故有巧胜之机。

①兵四进一

红方弃兵破士，时机正佳！

① ……　　　　将 5 平 6

黑方如改走车6退3，则车三退一，士4退5，仕五退六，红方亦胜定。

② 车三退一　　车 6 平 4

③ 车三平四　　将 6 平 5

④ 车四进一

红方进车不给黑方落士的机会，是取胜的紧要之着。

④ ……　　　　车 4 平 8

⑤ 帅五平四　　车 8 退 3

⑥ 车四退三　　士 4 退 5

⑦ 车四平五　　车 8 进 1　　　　⑧ 仕五进六

红方接下来再帅四平五，胜定。

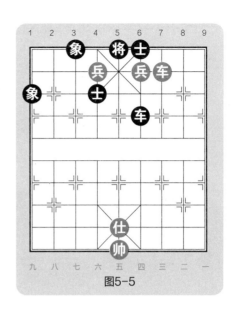

图5-5

【第6局】

如图 5-6，红方先行。这是"百岁杯"象棋大师邀请赛中吕钦对钱洪发弈成的形势。红方多一兵占据优势，实战中红方抓住黑马远离防守中心的弱点，果断以兵破士，巧用主帅协助，双马入局。

① 兵六进一

红方果断以兵破双士，是获胜的紧要之着。

① ……　　　　士 5 进 4

② 马七进六　　将 6 进 1

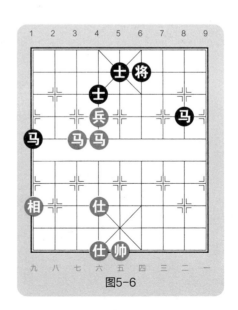

图5-6

黑方如改走将6退1，则后马进五，将6进1，马五退四，红方得子胜定。

③前马退五　　将6退1　　　④马五进三　　将6进1

黑方如改走将6退1，则马三进二，将6进1，马六进四，红方亦胜定。

⑤马六进四　　马8退7　　　⑥马四退五　　马1退2

⑦马五进三　　马7进6　　　⑧后马进一

红方伏有马一进二的绝杀手段，黑方认负。

【第7局】

如图5-7，黑方先行。这是全国象棋个人赛中李来群对张晓平弈成的形势。红方虽一车换三子占有子力优势，但黑方有卒已逼入九宫。实战中黑方紧握战机，出将助战弃卒换仕，以"双车错"杀法巧妙入局。

①……　　　　将5平4

黑方出将助战，算准可捷足先登。

②车七进二　　将4进1

③后炮进二　　士5退4

④相七退五　　卒4进1

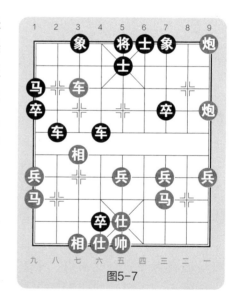

图5-7

黑方弃卒破仕，取胜的紧要之着。

⑤仕五退六　　车4进5　　　⑥帅五进一　　车2平8

⑦帅五平四

红方如改走前炮平四，则车8进4，炮四退八，车4退1，帅五退一，车8平6，黑方亦胜定。

⑦……　　　　车4退1　　⑧帅四退一　车8进4

⑨马九退七　车8平6

红方以下如帅四平五，则车4进1，黑胜。

【第8局】

如图5-8，黑方先行。这是全国象棋个人赛中韩松龄对李来群弈成的形势。实战中黑方冲卒破仕，先发制人，侧翼车马冷着妙杀取胜。

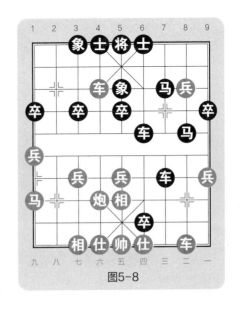

图5-8

①……　　　　卒6进1

黑方冲卒破仕毁去红方藩篱，并为7路马腾路，走得恰到好处。

②车二平四　车6进5

③帅五平四　马7进6

④仕六进五　车7平9

黑车吃边兵，顺手牵羊，并可沉底叫将取势。

⑤帅四平五　马8进6　　⑥马九进八　士6进5

⑦车六进一　车9进3　　⑧仕五退四　前马进8

⑨马八进七

红方如改走炮六退一，则马8进6，炮六平四，后马进7，车六退七，马7进8，黑方亦胜势。

⑨……　　　　马8进7　　⑩帅五进一　车9平6

⑪兵二进一　马6进7　　⑫帅五平六　车6平3

红方如续走帅六平五（如马七进五，则车3退1，帅六退一，后马进5杀），则前马退6，帅五平六，车3退1，帅六退一，马7进6，帅六平五，车3平5，帅五平四，前马退7，黑方胜定。

【第9局】

如图5-9，红方先行。这是"五羊杯"全国象棋冠军赛中胡荣华对徐天红弈成的形势。红方多兵占先，但黑方车炮卒对红方也有一定威胁。实战中红方审时度势，攻守有序，最终获胜。

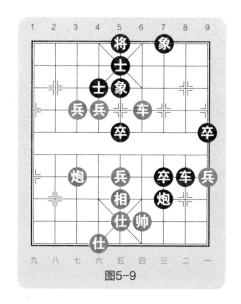

图5-9

① 兵六进一

红方用兵破士，发起攻势，攻击点十分准确。

①……　　　　炮7平9

黑方如改走士5进4吃兵，则车四进三，将5进1，兵七进一，红方胜势。

② 炮七平三

红方毅然以炮轰卒，消除后顾之忧，算准弃炮后车双兵可在对攻中捷足先登。

②……　　　　车8平7　　　③兵六进一　车7退4

黑方退车固守，否则红方车四进二将成绝杀。

④ 兵七进一　炮9平8

黑方平炮，准备退回防守，此时不能走车7平6，否则兵六平五，黑方丢车。

⑤ 兵六平五

红方平兵再破一士，简明有力之着。

⑤……　　　　将5进1　　　⑥车四进二　将5退1

⑦ 兵七进一　炮8退6

黑方送炮无奈。如改走炮8退7，则兵七平六，红方下伏车四平五的杀着，黑方亦是败势。

⑧车四平二　车7平6　　⑨仕五进四　将5平6

⑩车二平六

红方平车抢占肋道，是取胜的关键。如误走仕六进五，则车6退1，红方将难取胜。

⑩……　　　车6进5　　⑪帅四平五

黑方无士难以抵挡红方车兵的攻击，投子认负。

【第10局】

如图5-10，红方先行。这是象棋棋王挑战赛中李来群对吕钦弈成的形势。盘面上黑车正捉红方七路过河兵，红兵似已无路可走。实战中红兵入底线，"围魏救赵"，巧妙取胜。

①兵三进一

红兵冲入底线，着法巧妙，是取胜的关键之着。

①……　　　车5进6

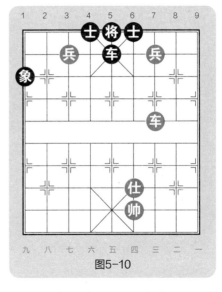

图5-10

黑方如车5平3，则兵三平四，将5平6，车三进四，将6进1，车三退一，将6退1，车三平七，黑方丢车。另如走车5平6，则兵三平四，车6退1，车三平五，士4进5，兵七平六，红方亦胜定。

②兵三平四　将5平6　　③车三进四　将6进1

④车三平六　车5平6　　⑤帅四平五　车6进1

⑥帅五退一　车6退6

黑方如改走车6退5，则红方车平中路也是胜局。

⑦车六退一　将6退1　　⑧车六进一　将6进1

⑨车六退一　将6退1　　⑩车六平二　车6平5

⑪帅五平六　将6平5　　⑫车二进一　将5进1

⑬兵七平六

至此，黑方认负。以下黑方如续走将5平6，则车二退一，将6退1，兵六平五绝杀，红胜。

【第11局】

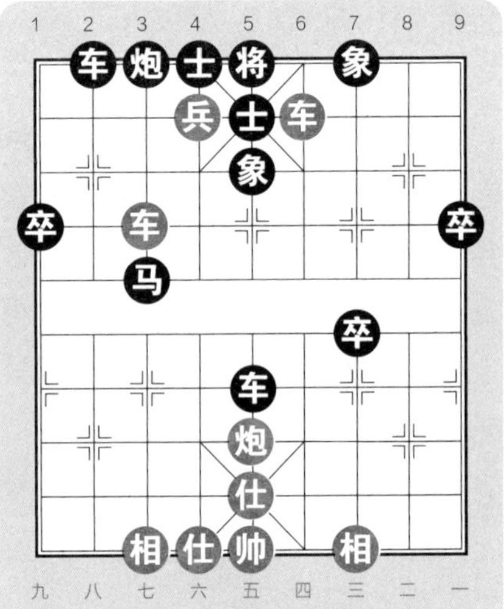

如图5-11，红方先行。这是全国象棋个人赛中张影富对庄永熙弈成的形势。黑方虽多一子，但红方有兵逼近九宫助攻。实战中红方紧握战机，以"三车闹士"杀法，抢攻在前。

①车七进二

红方进车对方下二路，伏有破士手段，是攻杀之要点，黑方顿感难以应付。

①……　　　　车5平4

黑方如改走马3退2，则兵

图5-11

六平五，士4进5，车七平五，将5平4，炮五平六，红方胜定。

②兵六平五　士4进5　　③车四平五　将5平4

④炮五平六　车4进1　　⑤仕五进六　马3退2

⑥车七退一

黑方如续走马2进3，则车七退一，车2进2，车七进二，车2平4，车五平六，红胜。

【第12局】

如图5-12，黑方先行。这是"广洋杯"象棋大棋圣战中杨德琪对陶汉明弈成的形势。双方呈对攻之势，实战中黑方冲卒破仕争得先机，最终抢先攻杀入局。

①……　　　　卒 4 进 1

黑方冲卒破仕，发起攻击。红方如接走仕五进六，则马 2 进 4，对攻中也是黑方速度在先。

②兵五平四　　卒 4 进 1

③兵六进一　　士 5 退 4

黑方退士吃兵弃马，已算准弃马后可以抢先入局。

④马七退五　　士 4 进 5

⑤马五退四　　卒 4 平 5　　⑥马一退二　　卒 6 进 1

黑方献卒巧妙一击，实战中弈来煞是精彩好看！

⑦马二退四　　卒 8 平 7

至此，红方认负。如接走马四退三，则马 2 进 3，相五进七，卒 7 平 6，马三退四，卒 5 进 1，黑胜。

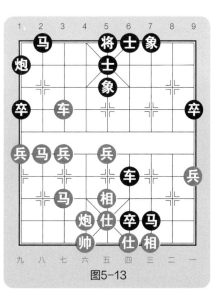

图5-12

【第13局】

如图 5-13，黑方先行。这是全国象棋团体赛中陈寒峰对李艾东弈成的形势。实战中黑方突施妙手，冲卒破仕，不给红方任何喘息之机，精彩入局。

①……　　　　卒 6 进 1

黑方冲卒破仕叫杀，冷着惊人。

②炮六平三　　车 6 平 4

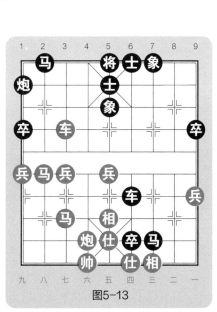

图5-13

③仕五进六　车4进1　　④炮三平六　炮1平4

⑤车七进三

红方如改走车七平四，则车4平3，炮六平五，车3平4，炮五平六，车4平5，也是黑方胜势。

⑤……　　　　　士5退4（红方认负）

【第14局】

如图5-14，红方先行。这是BGN世界象棋挑战赛中孙勇征对宗永生弈成的残局形势。红方马双兵仕相全攻马单缺象，此时红方胆大心细，发起攻势。

①兵四进一

红方舍兵破底士，构思十分巧妙，是取胜的紧要之着。如改走兵四平三，则较难有所作为。

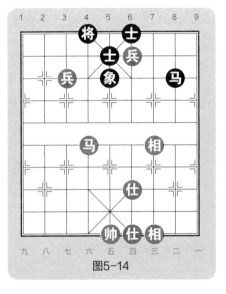

图5-14

①……　　　　　马8进6

黑方如士5退6，则兵七平六，象5退7，马六进七，士6进5，兵六进一，将4平5，兵六平五，将5平6，马七退五，马8进6，马五进四，红方胜定。

②马六进七　马6退7　　③相三进一

红方飞相弃兵，巧妙的等着。

③……　　　　　士5退6　　④兵七平六　士6进5

⑤兵六平五

红方平兵谋得黑象，形成马兵例胜马单士的残局。

⑤……　　　　　马7进6　　⑥仕四退五　将4平5

⑦仕五退六　将5平4　　⑧帅五进一　将4平5

⑨马七进九　将5平4　　⑩马九退八　将4平5

⑪兵五进一

黑方如接走将5平6（如马6退5，则马八进七，红方得马胜定），则马八进七，马6退4，马七进六，马4进5，兵五平四，将6平5，马六退七，红胜。

【第15局】

如图5-15，红方先行。这是全国象棋个人赛中吕钦对王斌弈成的形势。实战中红方妙献底兵，捉炮取势，最后以马双兵联攻之势，夺得胜局。

①前兵进一

红方献兵捉炮，构思十分巧妙！

①……　　　士5退6

②兵六进一　将4平5

③兵四进一

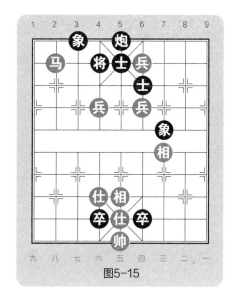

图5-15

红兵谋得一士，双兵呈合围之势，黑方难以抵挡。

③……　　　象3进5　　④马八退七　炮5平1

⑤兵六进一　将5退1　　⑥马七进八　炮1进1

黑方如改走士6进5，则兵四进一绝杀，红胜。

⑦马八退九　士6进5　　⑧兵六平五

黑方如接走将5进1吃兵，则马九进七叫将得炮，红方多子胜定。

【第16局】

如图5-16，红方先行。这是全国象棋个人赛中徐天红对洪磊鑫弈成的形势。红方车马双兵仕相全对黑方车炮卒士象全，双方进攻兵力组合均具威胁性，此时是速度之争。实战中红方针对黑方高士发动进攻，掌握对攻的先机而取胜。

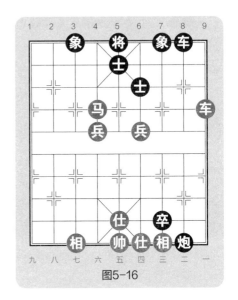

图5-16

① 兵四进一

红兵似乎不及黑卒更靠近对方九宫。此时要以兵破士，车马冷着，真是威力十足。

①……　　　象3进5

黑方飞象无奈，如改走车8进8，则兵四进一，卒7平6，车一平五，红方连攻带防，黑方难以抗衡。

② 兵四进一

红兵破士，先发制人，进攻的要着。

②……　　　士5进6　　③马六进四　将5平6

④ 车一平四

红方平车控肋，车马形成抽将之势亦是典型的进攻手段。

④……　　　车8进8　　⑤马四进三　将6平5

⑥车四平五　卒7平6　　⑦车五进一　将5平6

⑧马三退一　将6进1

黑方如车8退7，则仕五进六，黑方难应。

⑨马一退三　车8平7　　⑩车五进一　将6进1

⑪马三退四

黑方始终受制于人，至此，黑方认负。以下如续走卒6平5，则车五退七，车7平5，帅五进一，红方马兵必胜单炮。

【第17局】

如图5-17，黑方先行。这是全国象棋甲级联赛中王琳娜对吕钦弈成的残局形势。红方炮双仕正常可以守和炮卒有士象，但此时红方未形成有利的防守棋形，且看黑方如何攻破对方防线。

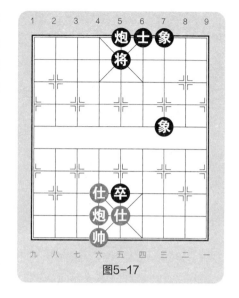

图5-17

① ……　　　炮5平3

②炮六平八　将5进1

③炮八平七

红方帅与仕均被黑方所控制，只能炮在下二路走闲着。此时红方也不能炮八平六，炮3进8！红方欠行。

③ ……　　士6进5　　④炮七平八　　炮3平4

⑤炮八平六　士5进4

黑方支起高士做炮架，发动总攻。

⑤炮六进六

此时红方已无闲棋可走。如接走帅六平五，则卒5进1（如卒5平4，则炮六进六，红方可巧和），仕六退五，炮4进8，黑方胜定。

⑥ ……　　　卒5进1

至此，红方各子被困，必然形成困毙，黑胜。

【第18局】

如图5-18，红方先行。这是全国象棋甲级联赛中赵鑫鑫对阎文清弈成的残局形势。双方均为双马双兵（卒）仕相（士象）全。实战中红方凭借子力占位的优势，抓住机会破士获胜。

①后兵进一　　士 5 进 4

②马五进六

红方果断一兵换双士，摧毁对方防守子力，算准双马兵可以入局。

②……　　　　将 6 平 5

③马二进三

红方进马象位助攻，掩护"小兵坐龙庭"，取胜的要着。

③……　　　　马 5 退 4

④兵六平五　　将 5 平 4

⑤马三退四　　象 3 进 5

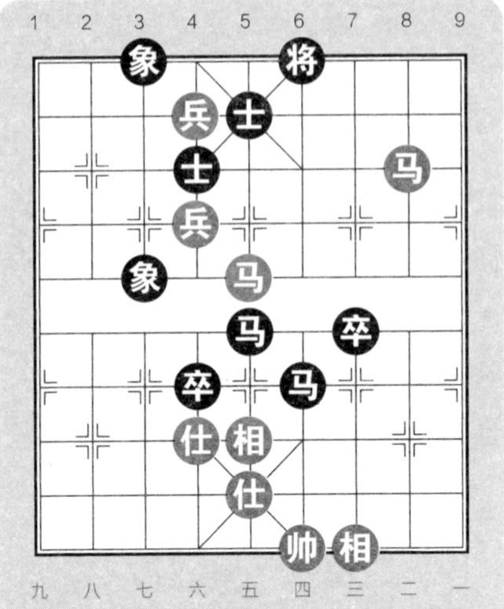

黑方如马 4 退 6，则马六进八，红胜。

⑥马六进八　　马 4 退 3　　　⑦马八退七（绝杀）

以下红方兵五平六即可取胜。

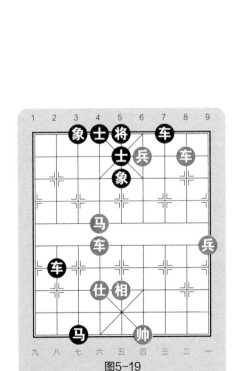

图 5-18

【第 19 局】

如图 5-19，红方先行。这是全国体育大会象棋赛中吕钦对谢业枧弈成的形势。双方对攻之际，红方突然用兵杀士，弃车入局，颇为精彩！

①兵四平五

红方弃兵破士，摧毁黑方防线，时机正佳！

①……　　　　士 4 进 5

②车二平五

红方舍车砍士，是取胜的

图 5-19

要着！

　②……　　　　将5进1　　　③马六进七　将5退1

　④车六进五（红胜）

【第20局】

　　如图5-20，红方先行。这是
"杨官璘杯"象棋赛专业组的比赛
中蒋川对王天一弈成的形势。红
方显然占有优势，此时黑将正捉
红炮，红方准确计算，以兵破士，
弃炮攻杀，取得胜利。

　①兵四进一

　红方进兵吃士，算度准确，
迅速入局的好棋。

　①……　　　　车8进3

　②帅四进一　炮6退5

　③兵四平五

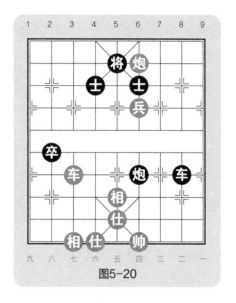

图5-20

　妙手！红方如兵四进一吃炮，则将5平4，形成黑方单车保肋士
对红方车低兵的正和残局。

　③……　　　　将5平4

　黑方不能将5进1，否则车七平五，红胜。

　④车七平六　炮6进1

　红方车兵围攻黑方孤士，步步紧逼。黑方如将4退1，则车六进
四，将4平5，车六进一绝杀，红胜。

　⑤兵五平六　将4平5　　　⑥车六平五　将5平6

　⑦兵六平五　炮6进1　　　⑧车五进三

　黑方以下只有车8退6，则车五平八，黑方车炮都不能动，无法
阻止红方车八进二，将6退1，兵五进一的绝杀手段，遂投子认负。

【第21局】

如图 5-21，红方先行。这是
"淮阴·韩信杯"象棋国际名人赛
中蒋川对吕钦弈成的形势。红方
双马双兵仕相全对黑方双马卒士
象全，在漫长的残局纠缠中，红
方此时发现了机会。

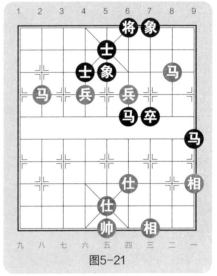

图5-21

①兵六进一

红方舍兵破士，算准可迅速
入局。

①……　　　士5进4

②兵四进一

红方冲兵攻将，紧凑有力。
如改走马八进六，则马9退8，黑方尚可周旋。

②……　　　士4退5　　　③兵四进一　　将6平5

④马二退四　　马6进4

黑方如马6退4守士，红方可马四进五强行踏士，之后马4退5，
帅五平六绝杀。红方如不出帅，也可马八进六，将5平4，兵四平五，
红方下一步马六进八杀。

⑤马四进五　　马4退5　　　⑥帅五平六

出帅绝杀，红方必胜。

【第22局】

如图 5-22，红方先行。这是全国象棋个人赛中李鸿嘉对陆伟韬
弈成的形势。双方战至马炮兵（卒）的残局，红方子力占位较好，握
有主动。此时黑马捉红方过河兵，红方灵机一动，巧妙组织攻势，冷
着夺子获胜。

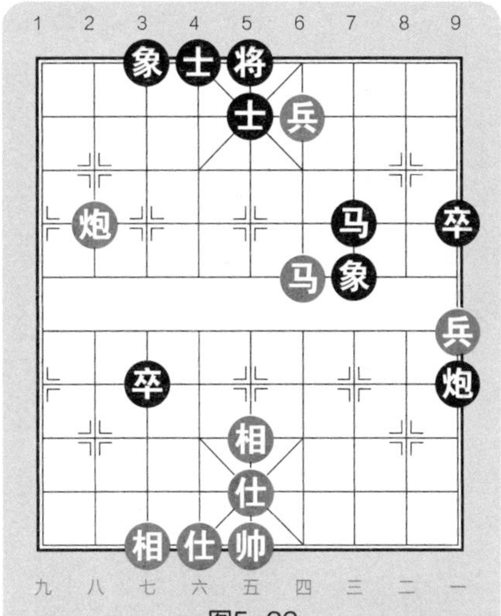

①炮八平五

红炮中路照将，组织攻势！

①……　　　士5进6

黑方如象7退5，则马四进三绝杀，红胜。

②马四进五　士4进5

③兵四平五　将5平4

红兵破士，巧招！黑方如将5平6，则炮五平四，黑方丢子。

④马五退七

红方弃兵运子，着法灵活，取胜的要着。

④……　　　士6退5

⑤马七进八　将4进1　　　⑥炮五平九

红方通过一系列强制性的手段，形成马炮杀势。至此，黑方认负。以下如要解杀，黑方只有马7退5，则炮九进二，马5退3，炮九平七，黑方丢马必输。

图5-22

【第23局】

如图5-23，红方先行。这是全国象棋甲级联赛中赵鑫鑫对赵勇霖弈成的形势。红方双炮双兵对黑方双炮3卒，红方虽然少一个兵，但是子力占位优越，较为容易组织攻势。

①兵四平五

红方利用底线炮的牵制，平兵捉中象，是这一局面下常用的

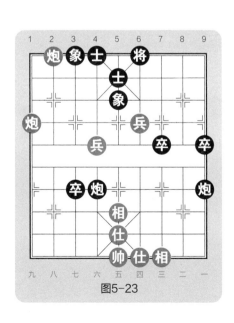

图5-23

手段。

①……	将6进1	②炮九进二	士5进6
③兵五平四	炮9平5	④炮八退一	将6退1
⑤兵四进一			

红方进攻有序，红兵吃士后，黑方防御体系受损，已难抵挡红方攻势。

⑤……	炮5退1	⑥炮八进一	炮5平4
⑦兵六平五	象5进3	⑧兵五进一	将6平5
⑨兵四进一	后炮平5	⑩炮九进一	象3退1
⑪炮八平六	炮4平5	⑫炮六退一	

退炮闷杀，红胜。

【第24局】

如图5-24，红方先行。这是全国象棋甲级联赛中苗利明对汪洋弈成的局面。红兵闯入九宫，担当攻击先锋，辅以双车配合，展开"三车闹士"的攻势。

①车八进九

红方弃马进车底线，找到突破口，好棋！

①……　　　炮9平5

②相三进一　车3平4

黑方吃马速败，但如改走车7退5，则车二进三，炮5退1，马六进五，红方亦手段多多。

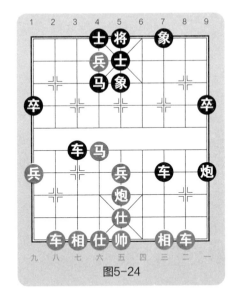

图5-24

③车二进八

红方进车下二路，伏有车二平五弃车杀士的手段，攻杀之要点。

③……　　　将5平6　　　④兵六平五　象5退3

⑤车二平四

红方弃车妙杀，入局精彩！

⑤……　　　马4退6　　　⑥兵五进一（红胜）

【第25局】

如图5-25，红方先行。这是第17届世界象棋锦标赛中王天一对冯家俊弈成的形势。实战中红方妙手弃兵杀士，凭借卧槽马攻势巧得一子，获得胜利。

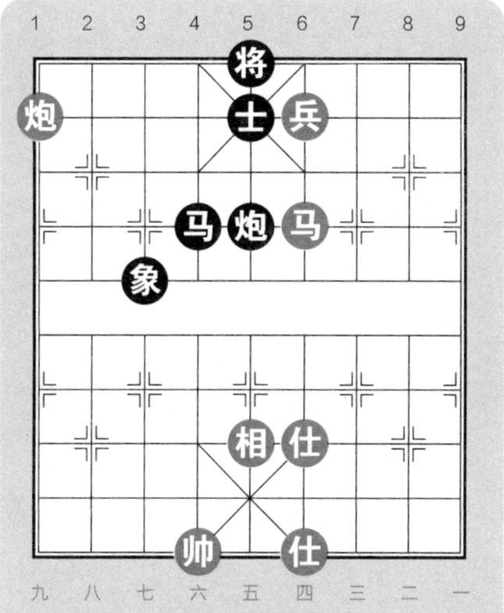

①兵四平五

红方弃兵杀士，果断有力，一击中的！

①……　　　马4退5

②马四进三　将5平6

③炮九退七

图5-25

至此，黑方认负。以下如续走炮5平6，则马三退四，马5进6，炮九平四，黑方丢马必败。

第六章　马杀仕（士）

【第1局】

如图6-1，红方先行。这是首届"避暑山庄杯"象棋邀请赛中于红木对李艾东弈成的形势。实战中红方突施妙手，四子联攻取胜。

①马三进五

红方马踏中士，判断与计算俱佳。算准弃马后可控制局势，从中路和两翼全面进攻，黑方无法抵挡。

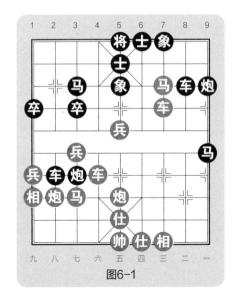

图6-1

① ……　　　　士6进5

②兵五平四　　车8退2

③兵四进一　　炮9进2

④兵四进一　　炮9平5　　⑤兵四进一

红兵迅速逼入九宫，来势凶猛！

⑤ ……　　　　象7进9　　⑥帅五平六　象9进7

⑦车三平四　　车8进2　　⑧车四平一　车8平9

⑨炮五进五

红炮打中象，一锤定音！

⑨……　　　士 5 退 6

黑方如改走车 9 平 5，则车一进三杀。又如改走象 7 退 5，则车一进一，亦是红胜。

⑩车六进五

至此，黑方认负。

【第 2 局】

如图 6-2，黑方先行。这是"王冠杯"象棋大师邀请赛中于红木对于幼华弈成的形势。实战中黑方舍马踏仕，车双炮攻杀，得子取胜。

①……　　　马 3 进 5

黑方舍马踏仕，由此掀起进攻高潮。

②车七进一

红方当然不能仕四进五吃马，否则车 4 进 7，再将 5 平 6，黑方速胜。

②……　　　马 5 退 3

黑方退马，弃马献车，构思十分精妙！是迅速反夺主动的有力之着。

③炮八平七　炮 2 进 6

黑方进炮颇具巧思。红方如接走炮七退四，则车 6 进 1，帅五平四，车 4 进 8，黑方速胜。

④车七进一　将 5 平 6　　　⑤炮七平四　车 6 退 5

⑥仕四进五　炮 8 平 9　　　⑦车七平六　车 4 进 6

⑧仕五进六　车 6 进 6　　　⑨帅五进一　炮 2 退 2

黑方退炮轰车，抢占要津，紧凑有力之着。

⑩ 车二进六　将6进1　　⑪ 兵九进一　炮9进4

⑫ 炮五进一　卒9进1　　⑬ 马九进八　车6退3

⑭ 兵五进一　车6进2　　⑮ 帅五退一　车6进1

⑯ 帅五进一　炮9平3

黑方左炮右移，其势更盛。

⑰ 车二退四　象5进3

黑方扬象拦炮，避去红方兑炮解杀的手段，巧妙！

⑱ 炮五进一　炮3进2　　⑲ 炮五平八　炮2退3

黑方谋得一炮，为取胜打下物质基础。

⑳ 兵七进一　车6平2　　㉑ 车二平四　士5进6

㉒ 兵七进一　炮2退2　　㉓ 车四平七　车2退4

黑方兑子简化局势，简明有力的走法。

㉔ 车七退四　车2平5　　㉕ 车七进四　卒9进1

至此，黑方多子胜定，余着从略。

【第3局】

如图6-3，红方先行。这是
全运会象棋赛中郭长顺对王嘉良
弈成的形势。双方对攻，一着之
差胜负就会易手。实战中红方弃
马杀黑方中士，由此演成精妙的
杀局。

① 马七进五

红方马踩中士，着法精妙，
令人拍案叫绝，回味无穷。

① ……　　　　马9退7

黑方如改走士4进5，则炮

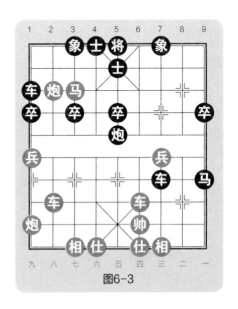

图6-3

八进二，象3进5，炮八平三，弃炮杀象打车，红胜。

②炮八平五

红方再立中炮叫将，入局手段十分精彩！

②……　　　　将5进1　　　③车八进六

至此，黑方如续走将5退1，则车四进七，红胜。

【第4局】

如图6-4，黑方先行。这是全国象棋个人赛中胡明对黄玉莹弈成的形势。双方子力大体相当，红车正捉黑马。实战中黑方突施妙手弃马踏仕，闷杀取胜。

①……　　　　马3进5

黑方弃马踏仕，取胜的关键之着。

②仕六进五　　车8进5

③车九平六　　车8平5

④帅五平四　　车5平6

⑤帅四平五　　炮9平5

红方中相无处飞，被黑方中炮闷杀。

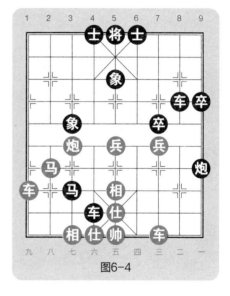

图6-4

【第5局】

如图6-5，黑方先行。这是全国象棋团体赛中汤卓光对陈信安弈成的形势。黑方马双卒单缺象对红方马双仕，黑方子力占优，但由于3路卒已沉底线，所以取胜尚有难度。实战中黑方以马搏仕，巧妙入局，弈来煞是精彩！

①……　　　　　卒3平4

黑方底卒助攻，包抄到位。

②帅五平四　马3进5

黑方以马搏仕，致命一击！红方难以应付，主动投子认负。以下如续走仕四退五，则后卒平5，黑胜。另如马八退六，则马5退7，帅四进一，马7进8，帅四退一，卒4平5，黑方亦胜定。再如帅四进一，则马5退6，仕四退五（如马八退六，马6进8，帅四退一，卒4平5，黑胜），后卒平5，帅四进一，马6进8，黑胜。

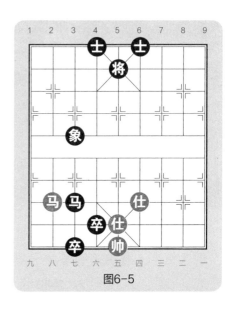

图6-5

【第6局】

如图6-6，黑方先行。这是全国象棋个人赛中金波对宗永生弈成的形势。盘面上红方多一兵，黑方双车出动速度要优于红方。实战中黑方采用弃马杀仕浑水摸鱼的战略，取得良好的结果。

①……　　　　　马3进5

黑方弃马踩仕，勇于进取！也给红方施加了相当大的压力。如改走马3退5，马七退五，红方仍占先手。

②仕四进五　车8进9

③帅五平四

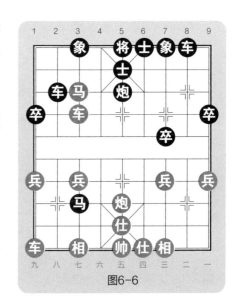

图6-6

红方出帅，试图以攻代守，实则是计算失误。应改走马七退五，则车 8 平 7，仕五退四，车 2 进 6，炮五进五，象 7 进 5，马五退六，红马可撤退至中相位置防守，尚可周旋。

③……　　　　　车 8 平 7　　　④帅四进一　车 2 进 6

黑方右车进下二路伏杀，迫使红方主动兑炮，解除红方中炮的牵制，是确立优势的紧要之着。这也是红方漏算之着，如走他着，红方有车七平四的反击，黑方难以控盘。

⑤车七平五　炮 5 进 5　　　⑥车五退四　车 2 退 6

⑦车九进二

无奈，红方如马七退六，则车 2 平 8，成双车错绝杀。

⑦……　　　　　车 2 平 3　　　⑧车五平三　车 3 平 6

⑨车三平四　车 6 进 5

红方败局已定，已无心恋战，投子认负。

【第 7 局】

如图 6-7，黑方先行。这是全国象棋个人赛中蒋全胜对洪智弈成的形势。盘面上双方似呈纠缠之势，黑方敏锐地洞察到红方右翼的弱点，迅速调集兵力五子联攻，一举破城。

①……　　　　　车 2 平 6

②仕六进五　车 6 进 6

③相三进一　车 1 平 8

黑方双车先手腾挪，运调至红方右翼，红方防不胜防。

④兵五进一　车 8 进 7

⑤帅五平六　马 7 进 5

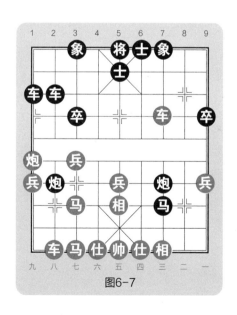

图6-7

黑方马踏中仕，弃子攻杀，是入局的佳着！

⑥帅六进一　炮7进2　　⑦仕四进五　炮2平8

黑炮左移，暗伏车6平5，帅六平五，炮8进2的杀着，紧凑有力的后续手段。

⑧帅六进一　炮8进1　　⑨仕五进四

红方如改走车三退四，则车6退2绝杀。

⑨……　　　车6平3

红方难挡黑方双车双炮的杀势，投子认负。

【第8局】

如图6-8，黑方先行。这是"嘉丰房地产杯"全国象棋王位赛中阎文清对洪智弈成的形势。盘面上黑方子力占位颇佳，红方已是危机四伏。

①……　　　马3进5

黑方弃马踏仕，摧毁对方防御，着法犀利！

②帅五进一

红方如改走仕六进五，则炮1进3，仕五退六，炮8平5，红方亦为败势。

②……　　　炮8平5　　③帅五平六　车8进7

④马三退二　车6进1　　⑤马二进三　车6退2

红势已支离破碎，主动投子认负。

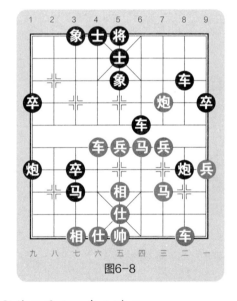

图6-8

【第9局】

如图6-9，黑方先行。这是"少林汽车杯"全国象棋八强赛中赵国荣对吕钦弈成的形势。实战中黑方紧握战机，妙手绝杀，场面异常精彩！

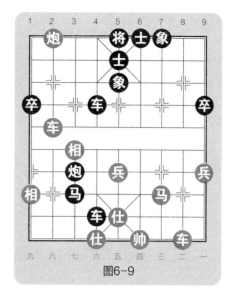

图6-9

① ……　　　马3进4

黑方弃马踏仕，胸有成竹，暗伏偷袭手段。

② 相七退五

红方如车八退五，则马4退2，车二进五，后车平7，车二平八，马2退4（伏车4进1弃车杀），仕五进六，车7进4，黑胜。另如仕五退六，则前车进1，帅四进一，前车退1，帅四退一，后车平7，炮八平九，将5平4，车八进四，将4进1，炮九平四，车7进4，炮四退一，士5退6，也是黑胜。再如相九退七，则前车平3，相七退九，炮3进3，相九退七，车3进1，黑胜。

② ……　　　前车平5

黑方舍车砍中仕，构思十分精妙，实战中弈来煞是精彩！

③ 马三退五　马4退5

黑方退马踏相，车马炮演成精妙杀局。下伏车4进6，帅四进一，马5退7，帅四进一，车4退2杀，以及车4平6，帅四平五，马5进3，帅五平六，车6平4杀等多种杀法，红方认负。

【第10局】

如图6-10，黑方先行。这是全国象棋团体赛中刘殿中对于幼华

弈成的形势。红方多兵多相，实
力占优，实战中黑方抓住战机，
抢先下手夺得胜局。

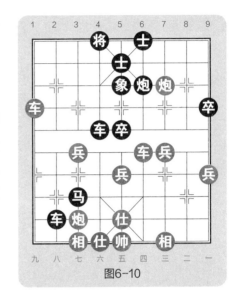

图6-10

①……　　　　马3进5

黑方不吃红炮，反而弃马踏
仕，是抢先入局的佳着！如改走
车2平3则贻误战机，以下车九
进三，将4进1，炮三进一，红
方抢攻在先。

②车九进三　将4进1

③炮三进一　炮6退1

④仕六进五　车2进1

黑方进车捉相催杀，强劲的后续手段。如误走车2平3，则车九
退九，车4进4，车四进四，车4平5，帅五平四，黑方难以作杀，
红方将反败为胜。

⑤仕五进六

红方如改走相三进五，则车4进4，红方亦难抵挡。

⑤……　　　　车2平3　　　⑥帅五进一　车4进3

红方认负。

【第11局】

如图6-11，黑方先行。这是
全国象棋大师冠军赛中肖革联对
陈孝坤弈成的形势。双方大子相
当，且红车拴住黑方车马，看似
红方无忧，实战中黑方突施马踩
中仕献车的妙手，巧取胜利。

①……　　　　马3进5

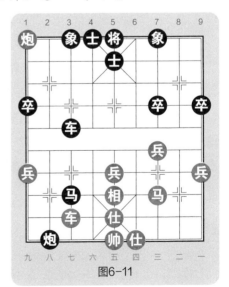

图6-11

黑方马踏中仕，献车催杀，战术精妙！红方顿感难以应付。

②车七平八

红方平车捉炮，无奈之着。如改走车七进四（如车七平五，则车3进5杀），则马5进3，马后炮杀。

②……　　　　马5退7　　③车八退一　车3平6

④仕四进五　车6平8　　⑤相五退三　车8进5

黑方抓住对方孤仕的弱点，车马催杀，红方难以解拆，黑胜。

【第12局】

如图6-12，红方先行。这是"华亚防水杯"全国象棋特级大师、大师赛中汤卓光对王斌弈成的形势。双方进入到残局阶段，均为车马兵（卒）仕相（士象）全。红方此时抓住战机，弃马踏士，一举突破黑方防线。

①马四进五

红方弃马踏士，胆大心细。

①……　　　　车6平4

黑方如改走士4进5，则车三平八，士5退4，车八进三，将5平6，车八平六，将6进1，车六平五，红方胜定。

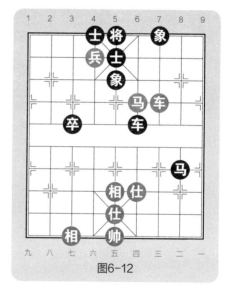

图6-12

②兵六进一　车4退4　　③马五进三

红方一兵换取士象，摧毁黑方的防卫力量，渐入佳境。

③……　　　　车4进6　　④马三退四　将5平4

⑤车三平八　马8退7　　⑥马四退五　车4退2

⑦马五进三　象5退7　　⑧车八进三　将4进1

⑨车八平三

黑方防不胜防，再失一象，败局已定。

⑨……　　　马7退5　　　⑩车三退一　将4退1

⑪马三进五　将4平5　　　⑫车三退二　车4平5

⑬马五进七　将5平4　　　⑭车三进三　将4进1

⑮车三平五（黑方认负）

【第13局】

如图6-13，红方先行。这是
"香港回归杯"象棋表演赛中吕钦
对赵汝权弈成的形势。黑方车双
炮三子归边，下一步炮7平9即
成杀势，红方仔细审局后，弃马
破士，以攻代守，抢先发动攻势，
掌控全局。

① 马三进四

红方马吃底士伏有杀棋，妙!

①……　　　车7平6

黑方如炮7平9，则兵六平
五，将5平4，兵五平六，红胜。

图6-13

②兵六平五　将5平6　　　③车二进二　象5进7

④炮五平四　车6退5　　　⑤车二退七

红方步步催杀，强行交换一子，化解了黑方攻势。俗话说："小
卒过河顶大车"，此时红方兵占宫心，已是胜势局面。

⑤……　　　车6进6　　　⑥帅五进一　象7退5

⑦车二进五　象7进9　　　⑧车二平五　车6退7

⑨车五退一　炮7退7　　　⑩相九退七　象9进7

⑪相七进五　炮7退2　　　⑫兵九进一　炮7平8

⑬车五平六

黑方有车炮防守，老将虽然不会立刻被将死，但车炮不能离线，早晚也是坐以待毙。至此，黑方认输。

【第14局】

如图6-14，红方先行。这是全国象棋大师冠军赛中谢靖对张申宏弈成的形势。双方对攻中，红方敏锐地发现一条速胜的路线。

①马三进四

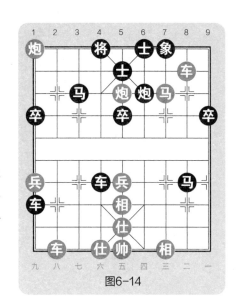

图6-14

红马硬踏黑士催杀，是迅速入局的紧凑之着。如误走车八进九，则将4进1，马三进四，将4进1，炮五平七，车4进3，仕五退六，马8进6，帅五进一，车1进1，黑方反败为胜。

①……　　　　马3进2

②炮五平八

红方平炮演成绝杀之势，黑方认负。

【第15局】

如图6-15，红方先行。这是"威凯房地产杯"象棋排名赛中李望祥对洪智弈成的形势。盘面上，红方已经明显占据优势，如何取胜呢？实战中红方弈出狠招，攻势如潮而获胜。

①马七进五

红方马踩中心士，场面煞是精彩好看！

①……　　　　车3平2

无奈，黑方如车 3 进 4 吃车，红方有马五进七的马后炮杀棋。

② 马五退六　　车 6 平 4

③ 车七进五　　将 5 进 1

④ 兵八进一　　车 2 平 4

⑤ 炮八退一　　将 5 进 1

⑥ 马六退四　　将 5 平 6

红方步步紧逼，令黑方疲于应付。黑方此时如改走炮 8 平 6 打马，则车二进四，炮 6 退 2，车七平四，红方亦胜定。

⑦ 车七平四　　后车平 6

⑧ 马四进六

黑方如接走车 4 进 1，则车二平四，将 6 平 5，前车退一绝杀，红胜。

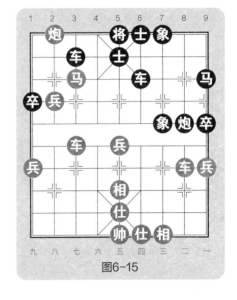

图6-15

【第 16 局】

如图 6-16，黑方先行。这是全国象棋大师冠军赛中徐超对陈翀弈成的形势。实战中黑方置大车被捉于不顾，舍马硬踏红方中仕，迅速入局。

① ……　　　　马 3 进 5

黑马踏红方中仕，构思十分巧妙，一击制胜。红方如接走马八进九，则车 6 进 3！炮六平四，炮 1 进 1，相七进九，马 5 进 3 马后炮杀，黑胜。另如走仕四进

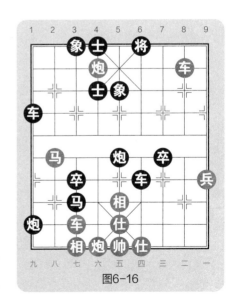

图6-16

五，则炮 1 平 5，马八进九（如车七平五，则车 1 进 5 捉死车），前炮平 4，相五退三，车 6 平 5，黑胜。至此，红方认负。

【第 17 局】

如图 6-17，红方先行。这是全国象棋团体赛中蒋川对陈信安弈成的形势。双方对攻之势，红方先行发力，连弃两子，以车马冷着获胜。

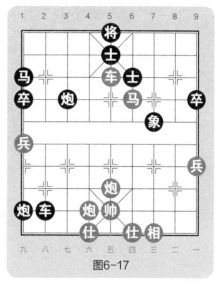

图6-17

① 马四进六

红方不能车五平八抽车，否则黑方可炮 3 平 5 照将反吃。

①……　　　　将 5 平 6

② 炮五平四　　炮 3 平 6

③ 马六退五

红方退马中路好棋，如操之过急走车五进一杀中士，黑方可车 2 退 7 抽车。

③……　　　　炮 1 平 4

黑方如车 2 退 6，则炮六进六阻挡，黑方无计可施。

④ 帅五退一

红方攻不忘守，老练。

④……　　　　车 2 退 1　　⑤ 马五进四

红马吃士，撕开对手防御，入局精彩！

⑤……　　　　车 2 平 6　　⑥ 马四进二　将 6 平 5

⑦ 车五进一　将 5 平 4　　⑧ 车五进一　将 4 进 1

⑨ 马二退四　将 4 进 1　　⑩ 车五退二　将 4 退 1

⑪ 车五平九　将 4 退 1　　⑫ 车九进二（红胜）

【第18局】

如图6-18，红方先行。这是"后肖杯"象棋大师精英赛中柳大华对蒋川弈成的形势。实战中红方舍马踏士，算准双车马抢杀入局。

①马三进五

红方舍马踏中士，一击中的，取胜的紧要之着。

①……　　　　士6进5

黑方上士无奈，如改走车7平5，则车二进九，红方也是胜势。

②车四进六　车7退3

③车二进八　士5退4　　④车四平六

黑方难以抵挡红方双车马的攻势，遂停钟认负。

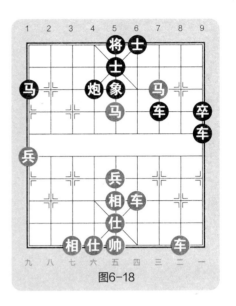

图6-18

【第19局】

如图6-19，红方先行。这是全国象棋甲级联赛中赵国荣对赵玮弈成的形势。红方明显握有主动权，但如何突破黑方的防线，仍需要巧思。

①兵九进一

红方边兵渡河时机恰当，此时已经敏锐地发现了绝命杀着。

①……　　　　车5退2

红方过河兵为心腹大患，黑

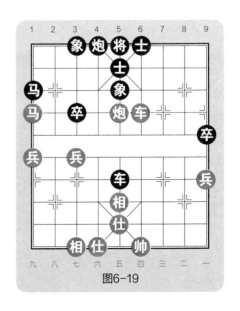

图6-19

方予以攻击也是理所当然。

② 马九进七　　车 5 平 1　　③ 马七进五

红方巧弃过河兵，引离黑车，然后弃马踏士，攻杀着法精妙绝伦！黑方看到如续走士 6 进 5，红方则车四进二捉仕，车炮帅三子构成巧杀，黑方无法应对，只好投子认负。

【第 20 局】

如图 6-20，红方先行。这是全国象棋个人赛中郑惟桐对王天一弈成的形势。乱战之中，红方子力靠前，明显握有主动权，那么红方该如何突破黑方的防线呢？

① 马八进六　　车 1 平 2

红方马踩底士打开缺口。黑方如将 5 平 4，则车八进三，将 4 进 1，马七退六，红方攻势猛烈。

② 马六退五

红马刚闯龙潭又入虎穴，着法令人叫绝！

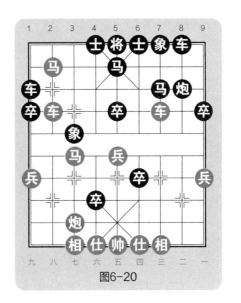

图6-20

②……　　　车 2 进 1　　③ 马五进七　　将 5 平 4

④ 前马退八

红方连出妙手，巧妙兑掉黑方右车之后，更容易开展攻势。

④……　　　卒 4 进 1　　⑤ 炮七进四　　炮 8 进 7

⑤ 炮七平六

红方平肋炮抢攻在前。

⑥……　　　马 5 进 3　　⑦ 车三进一　　车 8 进 7

⑧ 马七进六

至此，黑方认负。如续走马3进4，则车三平六，将4平5，马八进七，将5进1，车六平二，红方抽车胜定。

【第21局】

如图6-21，黑方先行。这是亚洲象棋个人赛中庄宏明对郑惟桐弈成的形势。黑方多子，但红方有空头炮仍具有威胁，实战中黑方战术敏锐，弃马踏仕，迅速入局！

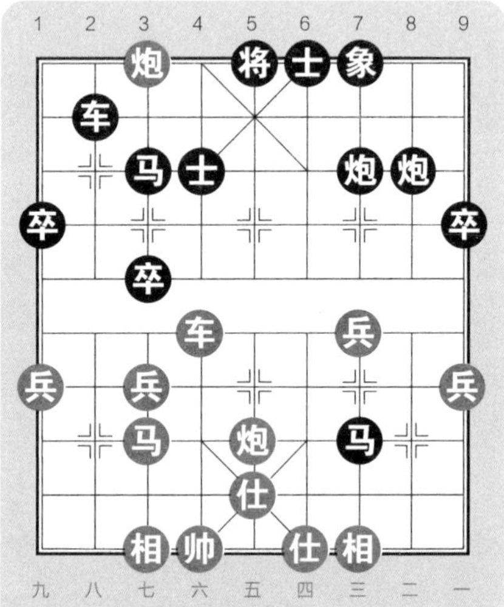

①……　　　　马7进6

黑方马踩底仕，闪出炮路，犀利！

①车六平五　士4退5

②车五平六　士5进4

③仕五退四

图6-21

红方三路底相无法躲避，只好硬着头皮吃掉黑马。

③……　　　炮7进7　　④仕四进五

红方如帅六进一，则车2进7，帅六进一，炮7退2，炮五退一，炮8进5，黑胜。再如炮五退二，则炮7平5，车六平五，车2平5，车五进四，将5进1，红方亦丢子必败。

④……　　　炮8进7　　⑤帅六进一　车2进7

⑥帅六进一　炮7退1　　⑦车六平五　将5平4

红方见无法抵挡黑方车双炮凌厉的攻势，遂投子认负。

【第22局】

如图6-22，红方先行。这是全国象棋女子名人赛中唐丹对张国凤弈成的形势。红方强子大多布控在要道上，更具有攻击力，实战中红方过河马充当先锋，摧城拔寨，甚是精彩！

①马六进七

红方跳钓鱼马，攻击点准确，由此拉开进攻的序幕。

①……　　　象7进5

②车二平六　将5平6

黑方逃将解杀，此手不能改走炮1退2，否则红方有前炮进三打象的手段。

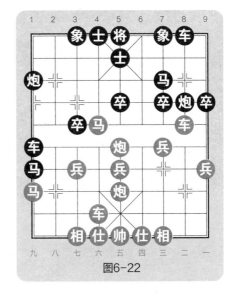

图6-22

③马七进六

红马踏底士，摧毁对方防卫，着法紧凑有力！

③……　　　炮1进2　　④前车进三　炮8退2

⑤马六退四

红方献马解攻还攻，场面煞是好看！令人叫绝！

⑤……　　　炮8平7

黑方如将6进1吃马，则后车平四，红胜。

⑥后炮平四　将6平5

黑方如将6进1，则炮五平四，重炮杀。

⑦炮五进三

黑势支离破碎，投子认负。

【第23局】

如图6-23，红方先行。这是"碧桂园杯"全国象棋冠军邀请赛中王天一对郑惟桐弈成的残局盘面。红方在车马对车马的残局中多兵多相，已是大优局面。如何入局呢？实战中红方巧妙运马，迅速入局。

①马四进六

红方献马士角，巧妙走位，迅速形成攻势，着法潇洒！

①……　　马9进7

黑方不能士5进4吃马，否则兵六进一，将4平5，兵六进一，红方车兵逼宫，成绝杀之势。

②帅五平四　车7平6

③仕六进五　车6平8

④马六进八　将4平5

⑤车九进四　士5退4

⑥马八进六

红方下一步马六退七钓鱼马杀，黑方认负。

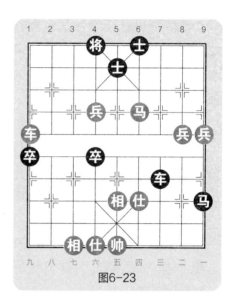

图6-23

【第24局】

如图6-24，红方先行。这是"贵州特曲·广奇杯"第十届视频象棋快棋赛中郑惟桐对孙勇征弈成的形势。此时黑车攻击红方三路线的马与兵，红方经过细致的筹算，马搏双士，车兵攻杀，使局面峰回路转，令人叫绝！

①车八进二　士5退4

②仕六退五　士6进5

③马三退五

红方先借帅助攻，再弃马踏士，弃子取势的精妙构思！

③……　　将5进1　④车八平六　车7退5

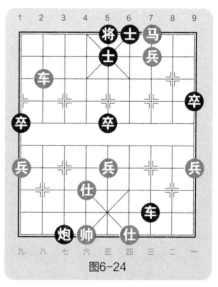

图6-24

黑方虽多一子，但士象全无，防守起来捉襟见肘。

⑤车六退一　将5进1　　⑥车六退三　车7平5

⑦车六平九　炮3退7　　⑧车九平六　炮3进4

⑨兵一进一　卒5进1　　⑩兵五进一　车5进2

⑪车六退二　炮3退1　　⑫兵三平四　将5平6

⑬兵四平五　将6平5　　⑭兵五平六　将5平6

⑮车六进四　将6退1　　⑯车六退一　将6进1

⑰车六平一

红方利用顿挫连消带打，已是胜利在望。

⑰……　　　炮3平9　　⑱仕五进六

红方扬仕，为借助帅力助攻创造条件，走得细腻得法。

⑱……　　　车5平6　　⑲帅六平五　车6平5

⑳仕四进五　车5平2　　㉑车一平四　将6平5

㉒车四平五　将5平6　　㉓仕五进四　车2平6

㉔车五进一　将6退1　　㉕车五进一　将6进1

㉖车五进一

黑方难以应付车兵的攻击，遂停钟认负。

【第25局】

如图6-25，红方先行。这是第四届全国象棋棋后赛中刘欢对董嘉琦弈成的形势。双方呈对攻之势，红方找到一条正确的进攻路线，获得胜利。

①车九进三

红方进车底线，执锐攻坚，杀法精通！为摧毁黑方士象迅速取胜埋下伏笔。

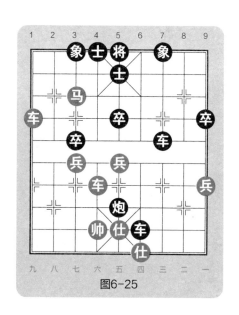

图6-25

①……   象 7 进 5   ②马七进五

红方弃马踏士，双车可施展威力，一击中的，是获胜的要着！

②……   士 4 进 5   ③车六进五   将 5 平 6

④车九平七   将 6 进 1   ⑤车七平五   将 6 进 1

⑥车五退一   炮 5 平 6   ⑦车六退一

退车形成绝杀之势，红胜。

第七章　炮杀仕（士）

【第1局】

如图7-1，红方先行。这是四省市象棋邀请赛中金启昌对刘文哲弈成的形势。实战中红方炮轰底士，毁去黑方藩篱，中局妙挺中兵，精彩献马，取得胜利。

①炮六进七

红方炮轰底士，取势的紧要着法。

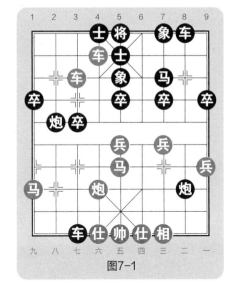

图7-1

① ……	炮8退6
②车六退二	士5退4
③车七平八	车3平1
④车八退二	车1退2
⑤车八进四　将5进1	⑥兵五进一

红方双车的进攻遭到了黑方顽强的阻击，此时后备力量的接应是取胜的关键，为了跃马助攻弃掉中兵，精巧之着。

⑥ ……	卒7进1	⑦车六进三　象5退3
⑧车六平七	卒5进1	⑨马五进四

红方虎口献马，杀法如行云流水，刚劲利落。

⑨……　　　马7进6　　⑩车七平五　将5平6

⑪车五平四　将6平5　　⑫车八平五　将5平4

⑬车四退一　将4进1　　⑭车四平五（红胜）

【第2局】

如图7-2，红方先行。这是全运会象棋决赛中孙志伟对殷广顺弈成的形势。双方子力大体相当，但红方双车双炮马占位较好。实战中红方紧握战机，弃炮轰士打开缺口，一气呵成形成杀局。

①炮六进七

红方弃炮轰士，一击中的！实战中弈来甚是精巧。

①……　　　士5退4

黑方如改走将5平4，则车七平六，红方亦大占优势。

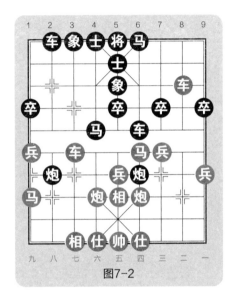

图7-2

②马四进六　炮6进3

黑炮打仕，欲求对攻。如改走车6平4，则炮四进七，黑势崩溃。

③马六进七　车2进2　　④仕六进五　炮6平9

⑤炮四进七　士4进5

黑方如改走车6退4，则车二进一，红方亦胜势。

⑥马七进五　将5进1　　⑦车七进四　将5退1

⑧炮四退一

退炮促成绝杀，红胜。

【第3局】

如图7-3，红方先行。这是全国象棋个人赛中言穆江对徐天利弈成的形势。红方虽少一子，但有兵侵入九宫助战。实战中红方紧握战机双炮轰士，一气呵成形成杀局，观来甚是精彩好看！

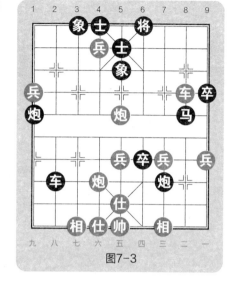

图7-3

①炮五进三

红方炮轰中士展开攻击，令黑方顿感难以应付。

①……　　　　　车2退3

黑方如改走士4进5，则兵六平五，红方速胜。

②炮六进七

红炮再轰底士，形成双炮兵围宫之势，实战中甚为少见。

②……　　　　炮7平8　　　③车二平一　炮8进2

④相三进一　车2平6　　　⑤炮五进一

红方献炮叫将，巧着。黑方如接走将6平5，则车一进三，车6退4，炮六平四，红方得车胜定。

⑤……　　　　将6进1　　　⑥车一进二　将6进1

⑦兵六平五

平兵构成绝杀，红胜。

【第4局】

如图7-4，红方先行。这是全国象棋团体赛中蔡福如对刘殿中弈成的形势。实战中红方妙取中心士，顿使黑方防守捉襟见肘。

①炮九平五

红方边炮轰士，一声平地春雷响，是取势的紧要之着。

①……　　　将5平4

黑方出将无奈。当然不可士6进5，否则红方有车三进三的杀棋。

②后炮平六　炮1平4

③马三进五　车4进1

④前马进四

乘黑车被拴链之机，红马连续腾挪，跳跃占据攻击位置。

④……　　　车4退1

⑤炮五平四

这步简单的平炮意味深长，暗含马四进五抽车的凶狠着法，精妙。

⑤……　　　象5退3　　⑥车三进三　炮4进4

⑦车三平四　将4进1　　⑧炮四平八　炮4平6

⑨马五进四（红胜）

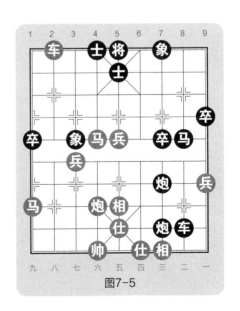

【第5局】

如图7-5，红方先行。这是首届"避暑山庄杯"象棋邀请赛中卜凤波对徐天红弈成的形势。实战中红方弃炮轰士车马冷着定将，继而扬仕解杀还杀，杀着紧凑，令黑方防不胜防。

①炮六进七

红方弃炮轰士打开缺口，一击中的！

图7-5

①……　　　士5退4　　②马六进七　将5平6

③马七进六　前炮平6　　④马六退五　将6进1

⑤车八退一　将6进1　　⑥马五进六　车8平7

⑦仕五进四

红方扬仕解杀还杀，弈来有条不紊，颇有章法。

⑦……　　　炮7平6　　⑧兵五进一　车7进1

⑨兵五平四（红胜）

【第6局】

　　如图7-6，黑方先行。这是全国象棋个人赛中郭长顺对于幼华弈成的形势。实战中黑方飞炮轰仕后弃子抢攻，精彩入局。

①……　　　炮4进9

黑方飞炮轰仕，展开反击。

②车八进二

红方进车，诱黑车吃炮，试探黑方应手。

②……　　　车9平8

黑方平出左车，不为所动，机警之着。如改走车4平3，则

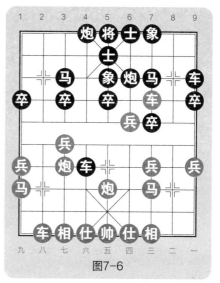

图7-6

车八平六，车3平6，车六退二，车6退2，马三进五，车6进2，马五进六，对攻中红不难走。

③兵七进一

红方如走兵四进一，则炮6进7，帅五平四，炮4平7，黑方弃子占势易走。

③……　　　象5进3　　④兵四进一　炮6平5

⑤炮七进三　炮4平6

黑方弃炮再破一仕，毁去红方九宫屏障，正应了棋谚"无仕怕双车"，可谓一击中的，是迅速入局的有力之着。

⑥炮五进五　　象7进5　　⑦兵四进一

红方如改走马三退四，则将5平4，马四进五，车8进7，黑方亦胜势。

⑦……　　　车8进6　　⑧马三退五　　车4进2

⑨马五进四　　炮6退7　　⑩车三进一　　车4平6

黑方平车演成绝杀，红方遂停钟认负。

【第7局】

如图7-7，黑方先行。这是"上海杯"象棋大师邀请赛中柳大华对蒋志梁弈成的形势。实战中黑方一炮换双仕，双卒逼宫取得胜利，着法精彩，引人入胜。

①……　　　炮4进6

黑方以炮换双仕，构思精妙，为双卒胜炮单相创造条件。

②仕五进六

红方只好如此，如不吃炮，红方也必败无疑。

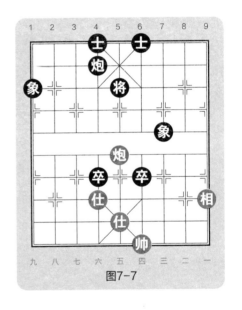

图7-7

②……　　　卒4进1

③相一进三　　卒6进1

④帅四平五　　卒4进1　　⑤炮五进二　　卒6进1

⑥相三退五　　将5平6

出将助攻，红方如续走炮五平四，则卒6平5，帅五平四，卒4进1绝杀，黑胜。

【第8局】

如图7-8，红方先行。这是"上海杯"象棋大师邀请赛中蔡福如对言穆江弈成的形势。实战中红方借先行之利过河兵连进两步，为中炮打士创造条件，从而迅速入局获胜。

① 兵六进一　炮5平6

② 兵六进一　象7进5

③ 炮五进二

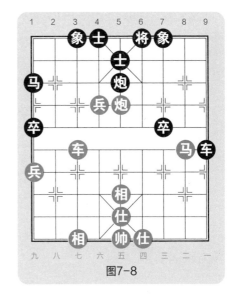

图7-8

以上红兵连进二步，就是为了配合中炮打士，现在红方战术顺利实施，黑方形势已告急。

③……　　　马1进2

黑方如改走士4进5，则车七进五，将6进1，马二进三，炮6平7，车七平三，车9退4，车三退二，将6退1，马三进五绝杀。

④ 炮五平二　马2退4　　⑤ 车七平六　马4退2

⑥ 兵六进一　马2进3　　⑦ 炮二平八　马3退5

⑧ 车六进四

好棋！红方弃马胸有成竹。

⑧……　　　车9平8　　⑨ 炮八进一（绝杀，红胜）

【第9局】

如图7-9，红方先行。这是全国象棋团体赛中言穆江对付光明弈成的形势。实战中红方以经典的车双炮杀法取胜。

① 炮八进七

红方沉炮叫将，为车双炮夹击埋下伏笔。

①……　　　　　象 1 退 3

②炮三平六

红方平炮轰士，常用的战术手段。

②……　　　　　士 5 退 6

③炮六平四　　　象 3 进 1

黑方如改走将 5 进 1，则车二退一，红方速胜。

④炮四退二　　　将 5 进 1

⑤车二退一　　　将 5 退 1

⑥炮四平九

红方炮打边象形成绝杀之势，黑方难以解拆，红胜。

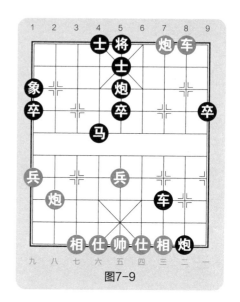

图7-9

【第 10 局】

如图 7-10，黑方先行。这是"五羊杯"冠军赛中胡荣华对李来群弈成的形势。实战中黑方得子后及时用炮打仕弃还一子，最终在车卒配合下取胜。

①……　　　　　炮 4 进 6

黑方弃炮轰仕，一击中的，是迅速入局的有力之着。

②炮七平一　　　炮 4 平 6

③炮一进七　　　车 8 退 9

④炮一退四　　　炮 6 退 5

黑方退炮献炮，消除红方还击之力，紧凑有力之着。

⑤炮一平四　　　车 8 进 9　　　⑥帅五进一　　　车 8 退 1

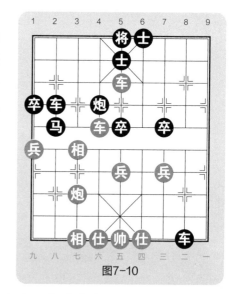

图7-10

⑦帅五退一　车8进1　⑧帅五进一　马2进4

再弃一马，实战中弈来甚是精彩！

⑨车六退一　车8退1　⑩帅五进一　车2进5

⑪车六进一　卒5进1

黑方弃卒使红方肋车脱根，黑方胜定。

【第11局】

如图7-11，红方先行。这是全国象棋个人赛中孙志伟对胡运茂弈成的形势。红方净多三兵实力占优，实战中红方抓住黑方右翼空虚的弊病，步步紧逼而获胜。

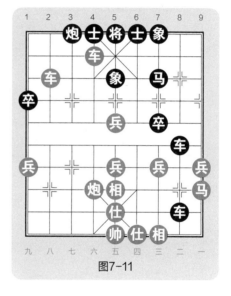

图7-11

①车八平六

红方平车催杀，细腻之着。如改走车八进二，则后车退4，黑方可解危。

①……　　　士6进5

②后车平七　炮3平1

③车七平九

红方不能即走车七进二，否则黑方可后车平4延缓红方攻势。

③……　　　炮1平3　④车九进二　炮3进7

⑤炮六进七

红方挥炮轰士，是此局面下很典型的战术手段。

⑤……　　　将5平6

黑方如改走象7进9，则炮六平八，将5平6，炮八退一，将6进1，车九平五，红方亦胜定。

⑥车六平五　象5退3　⑦车九平七

以下黑方如续走马7退5，则炮六退一杀，红胜。

【第12局】

如图7-12，红方先行。这是
"五羊杯"全国象棋冠军赛中胡荣
华对李来群弈成的形势。实战中
红方抓住战机先是弃炮轰士，再
弃车杀士，巧妙取胜。

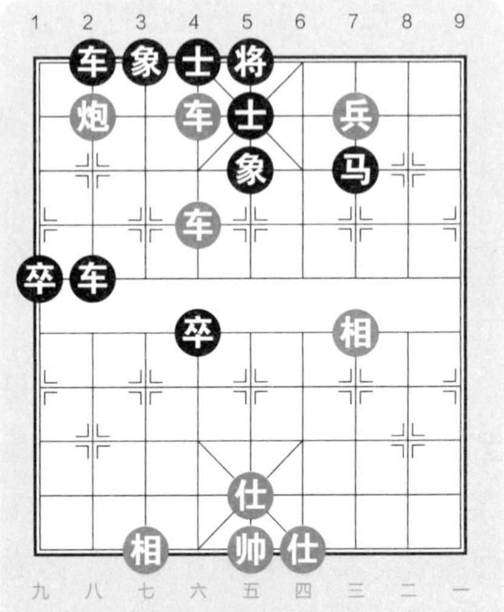

①炮八平五

红方弃炮轰士，使用猛虎掏
心的战术展开攻击，弈来甚是精
彩有力！

①……　　　士4进5

②兵三平四　象3进1

黑方飞象解杀。如改走前车
平6，则兵四平五，马7退5，前车进一，红胜。

③前车平五

红方弃车杀士，是猛虎掏心战术的续着，甚是巧妙！

③……　　　马7退5　　④车六平二

黑方如续走将5平4，则兵四平五绝杀，红胜。

图7-12

【第13局】

如图7-13，黑方先行。这是全国象棋团体赛中赵庆阁对于幼华
弈成的形势。双方对杀激烈，一着之差将会胜负易手。实战中黑方点
车下二路伏杀，一击中的，最终以"炮辗丹砂"杀法取胜。

①……　　　车8进6

黑方进车下二路，可谓一击中的！令红方顿感难以招架。红方如
续走炮三平七，则车8平5，仕四进五，炮2进1，黑方速胜。

②马七进五　炮2进1　　③仕六进五　炮2平6

④仕五退六　　　前炮平4

⑤炮三平七

红方如改走马五退六，则车8平4绝杀，黑胜。

⑤……　　　　炮4退6

⑥马五退六　　　炮4平7

⑦前炮进二　　　将6进1

⑧后炮进二　　　士5进4

⑨后炮平六　　　将6平5

⑩车四平六　　　车8平6

黑方伏炮6平5的杀棋手段，红方难以解拆，遂停钟认负。

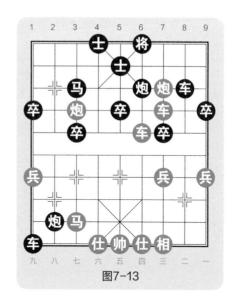

图7-13

【第14局】

如图7-14，红方先行。这是全运会团体决赛中张元启对苗永鹏弈成的形势。实战中红方利用黑方急于反击而露出的破绽，炮轰底士，终以凌厉攻势取胜。

①炮六进七

红方毅然炮轰底士，是高瞻远瞩的一步好棋！

①……　　　　士5退4

②车七平六　　　马4退2

③车六进七　　　炮8进3

④车六平八

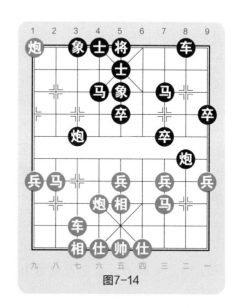

图7-14

红方顺利地完成了一个战术组合，得回失子，优势已不可动摇。

④……　　　　车8进7　　　⑤马三退五　　　炮8进1

⑥马五退三　马7进6　　　⑦仕六进五　车8退2

⑧兵三进一

红方弃兵拦车，不让黑车转移到右翼进行防御，是具有战略眼光的一步好棋。

⑧……　　　　车8进1　　　⑨车八平六　车8平5

⑩车六进一　将5进1　　　⑪车六平五　将5平4

⑫马八进九　炮3退2　　　⑬车五平六　将4平5

⑭车六平二

红车移至右翼，叫杀捉炮，胜利在望。

⑭……　　　　炮3退1　　　⑮炮九退一　炮3进1

⑯车二退一　将5退1　　　⑰炮九进一　象3进1

⑱马九进八　炮3平4　　　⑲车二平六

红方平车凶狠，紧凑。

⑲……　　　　车5平2　　　⑳马八进七　车2退6

㉑马七退六（红方胜定）

【第15局】

如图7-15，红方先行。这是全国象棋团体赛中于幼华对赵庆阁弈成的形势。实战中红方弃炮轰士，撕开对方防线，构成精彩杀局。

①炮八平四

红方平炮轰士，使车马炮三子配合更具威力，红方已是胜利在望了。

①……　　　　炮1退4

黑方当然不能士5退6吃炮，

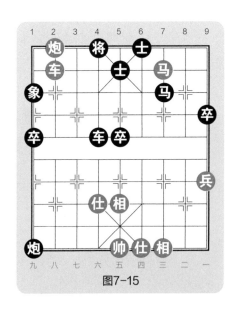

图7-15

否则马三退五，红方得车胜定。

②相五进七　　车4进3　　③炮四平三　　车4进2

④帅五进一　　车4退7　　⑤车八进一　　将4进1

⑥马三进五　　车4平3　　⑦车八退一　　将4进1

⑧马五退三　　马7进8　　⑨车八平五　　车3进3

⑩车五退三

黑方如续走马8进6，则马三进五，将4退1，马五退四，红方胜定。

【第16局】

如图7-16，黑方先行。这是"蓬莱阁杯"象棋精英赛中王嘉良对徐天红弈成的形势。实战中黑方抓住红方的疏漏，炮打底仕，为双车的进攻打开了缺口，一气呵成取得胜利。

①……　　　　炮4进7

黑方抓住红方的失误弃炮轰仕，令红方防不胜防，是取胜的巧妙之着。

②车九进一

红方进车，无奈之着。如改

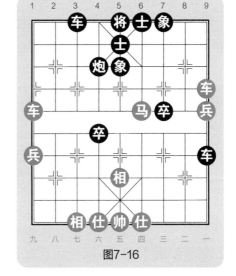

图7-16

走帅五平六，则车9平4，帅六平五，车4进2，相七进九，车3进7，黑方胜定。

②……　　　　车3进8　　③兵一平二

红方如改走帅五平六，则车3平6，帅六平五，车9进3，黑胜。

③……　　　　车9平8　　④兵二平三　　炮4平6

⑤车一平七　　车3平4　　⑥车七平六　　炮6平3

⑦相五退三　车8进3

黑方沉底车构成绝杀，红方认负。

【第17局】

如图7-17，红方先行。这是"味极王杯"八省市象棋大师赛中蒋全胜对于幼华弈成的形势。黑方多一子，红方多双相。实战中红方紧握战机，以炮轰士抢先入局。

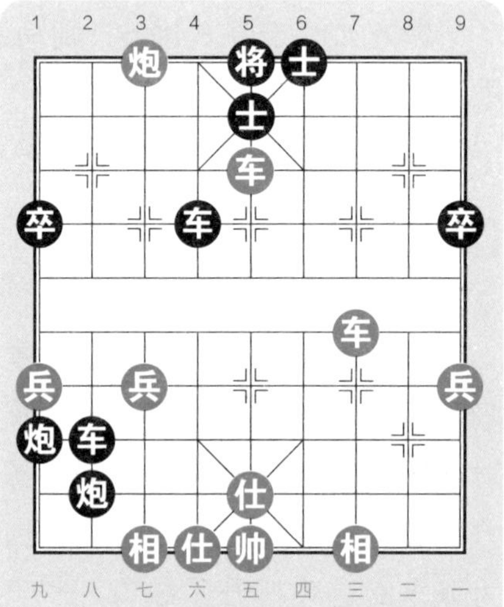

①炮七平四

红方平炮打士，是抢先入局的有力之着。实战中弈来甚是精彩好看！

①……　　　　车4退1

②车五退一　车2退5

③车三平五

红方双车夺士，一锤定音。黑方如续走退车保士，则炮四退一捉车，红方亦胜定。

图7-17

【第18局】

如图7-18，红方先行。这是全国象棋团体赛中王斌对于幼华弈成的形势。互缠中红方有兵过河实力占优，实战中红方紧握战机，挥炮破士，最终妙杀入局。

①炮四进七

红方挥炮破士，一击中的！令黑方顿感难以应付。

① ······ 　　　士 5 退 6

黑方如改走车 8 退 4，则兵
三进一，车 8 进 4，炮四平七，
象 5 退 3，兵三平四，士 5 退 6，
车三进八，红方亦胜定。

② 兵三进一　车 8 平 7

③ 兵三平四　将 5 平 4

④ 车四平五

红方宫心献车，煞是精彩！
黑方如续走马 3 退 5，则车三平
六杀，红胜。

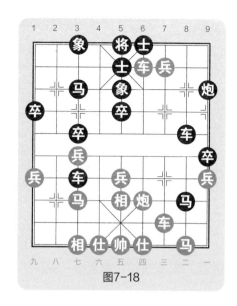

图 7-18

【第 19 局】

如图 7-19，黑方先行。这是
全国象棋个人赛中田长兴对吕钦
弈成的形势。黑方马炮分别受到
红方车兵的威胁，实战中黑方以
马炮换取一仕，组织双车对红方
九宫展开了猛烈的攻击，演成了
难得一见的精彩杀局。

① ······ 　　　炮 4 进 7

黑方弃炮轰仕，抢先发难，
甚有胆识。

② 仕五退六　车 2 平 4

③ 车三退一　车 4 退 4

④ 前炮进二

红方逃炮，保存实力。如改走后炮进五，则象 5 退 3，车三平七，
象 3 进 1，炮七退四，车 7 进 1，车七平九，车 7 平 3，炮七进二，

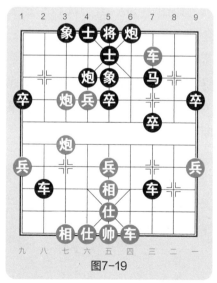

图 7-19

士5进6（如车4进5，则车九进二，红方优势），车四进七，士4进5，也是黑方占优。

④……	车4进5	⑤后炮平五	卒5进1
⑥炮七退六	车4退1	⑦炮五进三	象3进5
⑧炮七平九	车7进1	⑨仕六进五	车4进1
⑩仕五退六	车7退2	⑪相五进七	士5进6

黑方弃士打车，精妙！

⑫车四进七	士4进5	⑬车四退五	将5平4
⑭炮九退二	士5进6		

至此，红方认负。以下红方如续走车四进五，则车7平5，仕六进五，车5进2，黑胜。

【第20局】

如图7-20，红方先行。这是全国象棋个人赛中王斌对唐方云弈成的形势。红方的所有大子都进入攻击位置，具备打响攻坚战的条件。实战中红方挥炮打士果断出击，成功让黑方束手就擒。

①炮六进七　炮3退2

②炮六平三

红方以"炮碾丹砂"之法扫荡黑方士象，势不可挡。

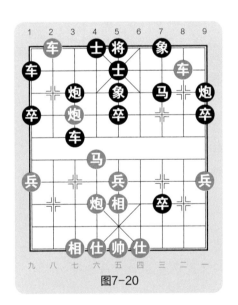

图7-20

②……　　　　车3平8

③车二平三　马7进6

④炮三平七　车1平3　　⑤车八退四　车3退1

⑥马六进四　卒7平6

黑方如改走车3进3，则车八进四，车3退3，车八平七，象5

退3，车三进一，士5退6，马四进三，红方胜定。

　⑦车八进三　　车8平6　　　⑧车八平五　　将5平4

　⑨车五平六　　将4平5　　　⑩车三平五　　将5平6

　⑪车五平二（红方胜定）

【第21局】

如图7-21，黑方先行。这是全国象棋个人赛中卜凤波对胡荣华弈成的形势。红方多兵，黑方子力灵活。实战中黑方发动闪电战，四子联攻，迅速入局。

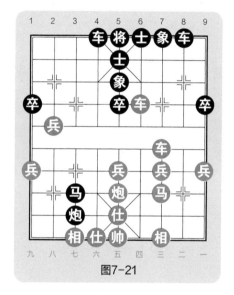

图7-21

　①……　　　　车4进8

黑方肋车挺进下二路，瞄准中心仕，攻杀之要点。

　②炮五进四

红方如改走炮五平六，则车8进8再炮3平5！红方也难抵挡。

　②……　　　　将5平4　　　③车三平四

红方如改走车四退四，则炮3平5，红势崩溃。

　③……　　　　车8进7　　　④后车退二　　炮3平5

　⑤仕六进五　　马3进5

黑方弃炮换双仕，发起总攻。红方已无法抵御对方的凌厉攻势！

　⑥炮五平六　　马5退7　　　⑦炮六退四　　车8进1

　⑧后车平五　　车8平7　　　⑨相三进一　　车7平8（红方认负）

【第22局】

如图7-22，红方先行。这是全国象棋个人赛中宋国强对赵国荣弈成的中局形势。红方此时不理红马受攻，强势出击，最终取得胜利。

①车四平六

红方进攻线路准确，如改走车八进七（如车八进八，则车5退2，红方无计可施），则马7退5，车八平九，车5平2，黑方攻势受阻。

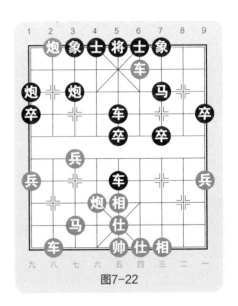

图7-22

①……　　　　士6进5

②炮六进七

红方肋炮轰士，打开胜利之门！

②……　　　　象7进9　　③车八进八　将5平6

黑方出将避杀，防止红方车六平五，后车退2，炮六退一的妙杀！

④马七进六　将6进1　　　⑤马六进七　后车平6

⑥车六平七　炮3平5　　　⑦炮六退一　士5进6

⑧车七退一

黑方失子失势，败局已定，遂主动认负。

【第23局】

如图7-23，红方先行。这是全国象棋个人赛中陈启明对李俊峰弈成的形势。双方中局对抢先手之时，红方敏锐地观察到黑方阵形上的弱点，弃马抢攻，其后连弃车炮妙杀，甚是精彩！

①车六进六

红车卡住象眼，弃子抢攻之要点。

①……　　　　　卒3进1

黑方如车2平3吃马，则炮三退二，车3退1，车一平六，士6进5，马四进六捉车踏象，黑方亦颇难应对。

②马四进三　　象5进7

③车一平六　　士6进5

④炮三平五　　将5平6

⑤炮五进四

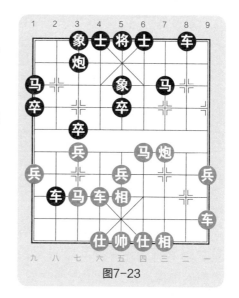

图7-23

红方子力蜂拥而至，黑方应接不暇。此时红炮打士迅速入局，着法凶狠！

⑤……　　　　士4进5　　⑥前车平五

红车掏心，绝妙！黑方只有认负。以下黑方如马7退5，则车六进八，红胜。

【第24局】

如图7-24，红方先行。这是全国象棋甲级联赛中徐超对于幼华弈成的形势。红方大子均处于前沿阵地，实战中红方用炮换双士，破除对方防御，打开缺口，最终车马炮三子联攻，取得胜利。

①炮五进三　　士4进5

②马七进五

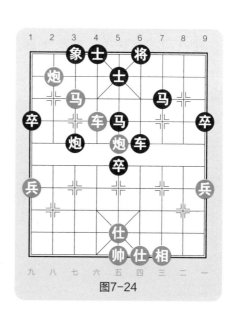

图7-24

红方炮换双士催杀，黑方九

宫已是岌岌可危。

②……　　　　将6平5　　③马五进七　将5平6

④车六进三　将6进1　　⑤马七退六　将6平5

黑方如走将6进1，则车六平五，黑方也难应付。

⑥车六平五　将5平4　　⑦马六退八（绝杀，红胜）

【第25局】

如图7-25，红方先行。这是全国象棋个人赛中汪洋对王昊弈成的形势。双方对抢先手之时，红方突然炮打底士，打开黑方防守的缺口，抢先入局。

①炮六进四

红方打底士，先下手为强，计算精准，是入局的佳着！

①……　　　　马4退3

黑方如改走将5平4，则车八进八，将4进1，车八平四，马4退5，车四退一，车7进1，车三平五，红方抢攻在前。

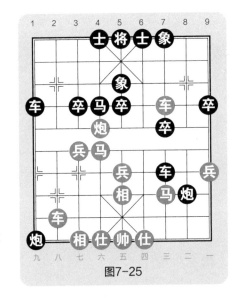

图7-25

②车八进七　车7进1　　③炮六平四

红炮再度破士，连消带打的好棋！

③……　　　　炮8进2　　④仕四进五　车7进2

⑤炮四退九　车1平2　　⑥车八平七

黑方虽有抽将，却难有作为。红方以下有车三进二杀棋，黑方无法防守，只得认负。

第八章　车杀仕（士）

【第1局】

如图8-1，黑方先行。这是全国象棋个人赛中李义庭对管必仲弈成的形势。实战中，黑方紧握战机，舍车弃马演成巧妙杀势，观来甚是精彩！

①……　　　　车1平5

黑方弃车砍仕，算准攻坚杀棋。

②仕六进五　车6平5

③帅五平六　马4进3

黑方虎口献马，为平炮闷杀创造条件，精彩！

④车八平七　车5进1　　　⑤帅六进一　炮5平4

黑方连弃车、马两子演成闷宫妙杀，黑胜。

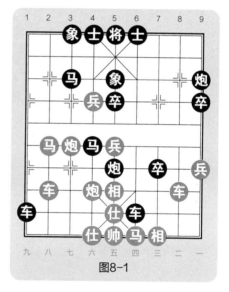

图8-1

【第2局】

如图8-2，红方先行。这是全国象棋个人赛中孟立国对刘忆慈弈

成的形势。实战中红方弃车杀士，
妙手入局。

①车四进三

红方弃车杀士，杀法紧凑。
如车八平五，黑方可炮5进1献
炮解围。

①……　　　士5退6

②车八平五　士6进5

③车五进一（妙杀，红胜）

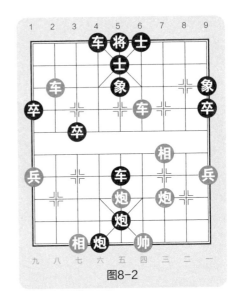

图8-2

【第3局】

如图8-3，红方先行。这是
全国象棋个人赛中臧如意对胡一
鹏弈成的形势。实战中红方弃车
杀士定将，再施以车马攻杀，终
于构成精妙杀局。

①车九退一　士5进4

②车九平六

红方弃车杀士，妙手！

②……　　　将5平4

③车四退一　象7进5

④马七进八　将4退1

⑤车四进一　马6退5

⑥马八退七　将4退1

黑方如改走将4进1，则车四平五绝杀，也是红胜。

⑦车四进一（红胜）

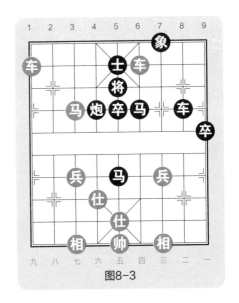

图8-3

【第4局】

如图8-4，红方先行。这是三省市象棋邀请赛中王嘉良对李来群弈成的形势。红方多子显占优势，但是如何将优势迅速扩大成胜势呢？实战中红方弃车砍士巧演杀局，观来甚是精彩！

①车六进三

红方弃车砍士，由此演成巧妙杀局。

①……　　　炮6平4

②车三平五　将5平6

③车五进一　将6进1

④兵四进一　将6进1　　⑤车五平四

连珠妙杀，红胜。

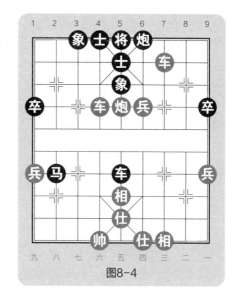

图8-4

【第5局】

如图8-5，红方先行。这是全国象棋团体赛中吕钦对胡远茂弈成的形势。黑方双车炮有攻势，似乎红方难以解救，实战中红方突施妙手，先发制人。

①车四平五

红方弃车砍士，突发奇手，使黑方猝不及防，是取胜的关键之着。

①……　　　将5进1

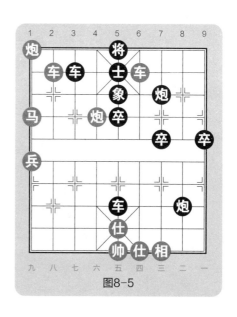

图8-5

②车八平七　将5退1　　③车七进一　将5进1

④马九进七　将5平6

黑方如炮7平3吃马，则车七退一，将5退1，相三进五，红方得车胜定。

⑤车七退一　将6退1　　⑥炮六进三　象5退3

⑦炮六退六

红方退炮，伏炮六平三解杀还捉车，必得一炮，黑方遂停钟认负。

【第6局】

如图8-6，红方先行。这是国家象棋集训赛中杨官璘对王嘉良弈成的形势。黑方一车换双并掠去红方仕相，且有"担子炮"防守，看似无忧。实战中红方弃车演成了一则精彩的杀局，观来令人拍案叫绝！

①车六进五

尽管黑方有"担子炮"的严密防守，红方仍然弃车杀士，着法精彩！

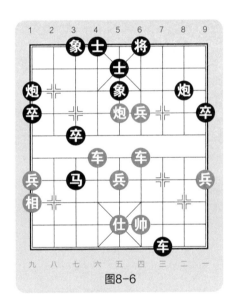

图8-6

①……　　　士5退4

黑方如改走将6进1，则车六退一，红方亦胜定。

②兵四进一　象5退7　　③兵四进一　将6平5

④车四进三

红方进车紧逼，制胜一击！

④……　　　马3退4　　⑤车四平五　士4进5

⑥兵四平五

黑方如续走将5平4，则车五平六，红胜。

【第7局】

如图8-7，红方先行。这是"长安杯"国手赛中赵国荣对于幼华弈成的形势。红方虽多子，但黑马催杀咄咄逼人，红方如单纯防守，反易为黑方所乘。实战中，红方使出弃车解杀的妙手，终于在对攻中捷足先登，是一盘不可多得的上乘之作。

①车四平五

红方弃车杀士，是解围的巧妙之着！实战中弈来煞是好看。如改走炮二退八，则士5退6，红方反而不好。

①……　　　　车5退5　　②马六进四　　将5平4

③马四进三　　车5退1　　④后马进五

红方进马叫杀，正着。如改走车一平五，则炮4平5，红方反而麻烦。

④……　　　　炮4平5　　⑤车一平七

红方平车连消带打，已是胜利在望。

⑤……　　　　象9退7　　⑥车七进一　　将4进1

⑦车七退一　　将4退1　　⑧车七退二　　车5平6

⑨车七平六　　将4平5　　⑩帅五平六

红方出帅解杀还杀，胜局已定。黑方如续走车7退3，则马五进三，红方得车胜定。

【第8局】

如图8-8，红方先行。这是"恒顺杯"象棋邀请赛中臧如意对徐天红弈成的形势。实战中红方借先行之利，巧施妙手弃车砍士，左右夹击，令黑方猝不及防，弈来精彩纷呈，令人赏心悦目。

① 前车进三

红方弃车杀士，精妙绝伦！

①……　　　　马 7 退 6

黑方如改走将 5 进 1，则后车进五杀。

② 炮八进七　士 4 进 5

③ 炮三进七　马 6 进 7

④ 车四进六（红胜）

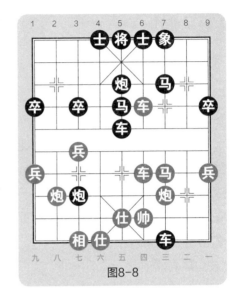

图8-8

【第9局】

如图 8-9，红方先行。这是"昆化杯"象棋大师邀请赛中胡荣华对赵国荣弈成的形势。黑方多一子，此时正准备兑车简化局面。红方紧握战机，弃车砍士巧妙成杀。

① 车六进二

红方弃车砍士，促成妙杀，精妙绝伦！如误走帅五平四，则炮 5 平 6，车四退一，车 9 平 6，车四退一，马 5 进 6，红方攻势瓦解。

①……　　　　将 5 平 4

② 车四进一　将 4 进 1

③ 炮三平六　马 5 进 7　　④ 车四平五

红方中车控将，下伏炮五平六的杀着，黑方认负。

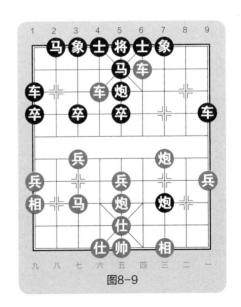

图8-9

【第10局】

如图8-10，红方先行。这是全国象棋个人赛中吕钦对刘殿中弈成的形势。双方互缠之中，红方审时度势，施以弃车砍士的巧妙手段，一气呵成做成杀局。

①车四进三

红方弃车砍士，精妙绝伦！

①……　　　将5平6

②马三进五　炮3进1

③马五退三　炮3平7

④车二平三　将6进1

⑤车三退二

形成"侧面虎"的绝杀之势，红胜。

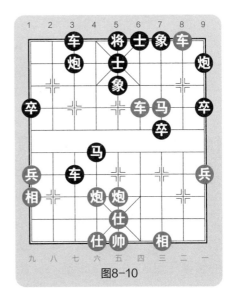

图8-10

【第11局】

如图8-11，红方先行。这是全国象棋团体赛中邹立武对任建平弈成的形势。红方攻中路，黑方攻侧翼，双方呈对攻之势。红方紧握战机，施以弃车的妙手，捷足先登。

①马六进五

红方弃车抢先发动攻势，甚有胆识。

①……　　　车4退5

黑方如改走象7进5，则兵五

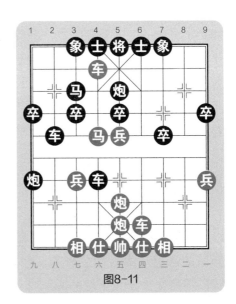

图8-11

进一，车4退5，兵五进一，马3进5，后炮进五，士4进5，兵五进一，将5平4，兵五进一，红胜。

②车四进八　　将5进1　　　③兵五进一　　车4进7

黑方进车，无奈之着，否则红方马五退三速胜。

④兵五平六　　将5平4　　　⑤车四平六

红方再施弃车妙手，黑方如续走马3退4，则马五进四，红胜。

【第12局】

如图8-12，红方先行。这是全国象棋个人赛中卜凤波对张致忠弈成的形势。在局面看似平淡的情况下，红方突施冷箭，一招致命！

①车六进三

红方弃车杀士，演成精巧杀棋。

至此，黑方认负。以下黑方如走士5退4，则马五进六，将5平6（如将5进1，车八进二，红胜），车八平四，红胜。又如改走

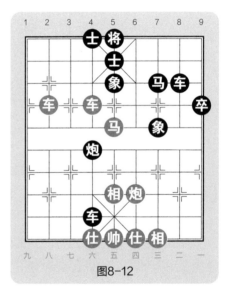

图8-12

将5平4，则车八进三，象5退3，车八平七，将4进1，马五进七，将4进1，车七退二，将4退1，车七平八，将4退1，车八进二，红胜。

【第13局】

如图8-13，黑方先行。这是全国象棋个人赛中王想林对万福初弈成的形势。黑方虽少一象，但多3卒且子力占位较好，占据优势。该如何将优势扩大为胜势呢？

①……　　　前车进3

黑方弃车杀仕，有胆有识！

②马五退四　车6进6

③帅五进一　马5进7

④帅五平六　卒5进1

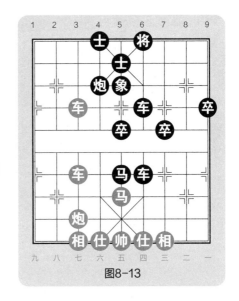

图8-13

黑方弃车扰得红方帅府不安，此时车马炮卒占位极佳，有很强的攻势。

⑤后车平三　卒5平4

⑥车七平六　车6退2

⑦炮七平九　卒7进1

⑧车三进一

红方如改走车三平二，则卒4进1，车二进六，将6进1，炮九进七，炮4退1，仕六进五，车6平4，仕五进六，卒4进1，帅六退一，卒4进1，帅六平五，卒4平5，也是黑胜。

⑧……　　　车6平4

黑方再度弃车，杀法绝妙！红方以下如走帅六进一，则卒4进1，帅六平五（如帅六退一，卒4进1，黑胜），卒4平5，黑胜。

【第14局】

如图8-14，黑方先行。这是全国象棋团体赛中王玉才对王明扬弈成的形势。实战中黑方巧施弃车杀仕妙手，一气呵成精彩入局，着法引人入胜。

①……　　　车5进2

黑方弃车杀中仕，实出红方所料，令人拍案叫绝。

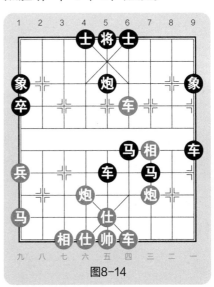

图8-14

②帅五进一　　马7进5

黑方进马叫将，是弃车催杀的续着。

③帅五平四

红方如改走前车平五，则马6退5，相七进五，马5进6，黑方亦胜势。

③……　　　　车9进3　　④帅四进一　炮5平6

黑方献炮露将，伏马6进4的杀着，红方无法解拆，遂停钟认负。

【第15局】

如图8-15，黑方先行。这是全国象棋个人赛中徐健秒对胡荣华弈成的形势。实战中黑方紧握战机，弃车破仕，连续冲卒成杀，弈来煞是精彩！

①……　　　　车4进2

黑方弃车砍仕，着法出人意料！局面豁然开朗。

②帅五平六　车3进2

③帅六进一　炮5平4

④仕五进六　车3退1

⑤帅六退一　卒4进1

⑥帅六平五　卒4进1

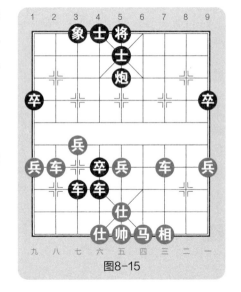

图8-15

红方认负。以下红方如续走车八退三，则卒4平5，帅五平六，车3平4，黑胜。

【第16局】

如图8-16，黑方先行。这是全国象棋团体赛中郭长顺对陶汉明

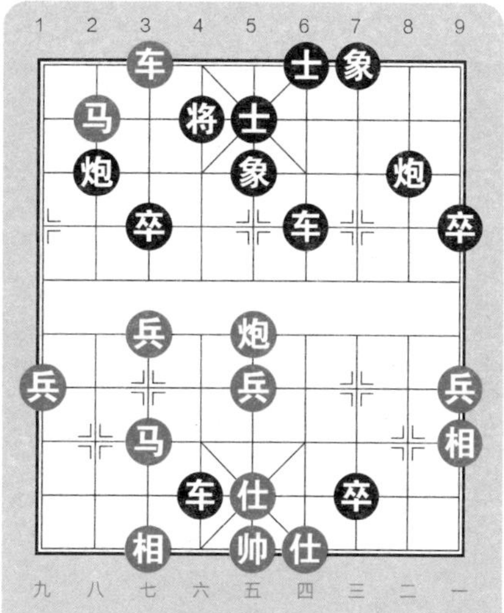

弈成的形势。红方已成"拔簧马"杀势，实战中黑方左右开弓，连弃车炮，以车炮卒成杀，在对攻中捷足先登。

①……　　　炮8进7

②相一退三　炮2进7

黑方弃炮引离红马，为弃车入局埋下伏笔，是取胜的紧要之着。

③马七退八　车6进6

黑方弃车杀仕，突破对方防御，以下杀法一气呵成。

④仕五退四　车4进1

以下红方如续走帅五进一，则炮8退1，帅五进一，车4退2绝杀，黑胜。

图8-16

【第17局】

如图8-17，红方先行。这是全国象棋个人赛中罗忠才对王斌弈成的形势。双方大子相当，黑方虽然多卒多象占有子力之优，但是红方大子占位较好，易于组织攻势。实战中红方紧握战机，弃车砍士入局。

①马九退七

红马迂回准备助攻，有力之着。

①……　　　炮7平8

②后炮平六　炮8退5

③前车进三

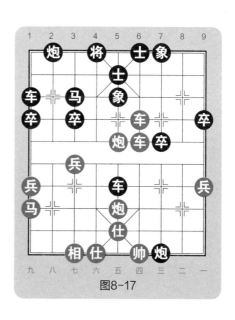

图8-17

黑方有底炮护士，红方仍弃车砍士，实战中弈来煞是精彩！

③……　　　　　炮2平6　　④车四进四　将4进1

黑方如改走士5退6吃车，则马七进六杀！

⑤炮五平六　车5平4　　　⑥马七进六　炮8平4

黑方如改走士5退6吃车，则前炮平五，红方速胜。

⑦马六进四　炮4平5　　　⑧马四进六　士5进4

⑨车四退一　将4退1　　　⑩马六进五

至此，黑方认负。如续走将4平5，则马五进三。又如改走士4退5，则车四进一，将4进1，马五退六，士4进5，车四退一，将4退1，马六进七，红胜。

【第18局】

如图8-18，黑方先行。这是全国象棋个人赛中崔岩对蒋全胜弈成的形势。红方虽少一子，但兵临城下伏有杀棋。实战中黑方紧握战机，突施弃车砍仕的妙手，化险为夷。

①……　　　　　车4进7

②仕五退六　车2平4

黑方舍车砍仕，反客为主，精妙之着！

③相五退三

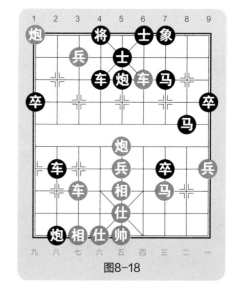

图8-18

红方如改走兵七进一，则将4进1，车七进六，将4进1，车四平五，象7进5，车七退一，将4退1，黑方胜势。又如改走车七退一，则车4进3，帅五进一，车4平5，帅五平四，卒7进1，车七平六，炮5平4，也是黑方胜定。

③……　　　　　士5进6　　④马三退四

红方如改走车七平八，则车4进3，帅五进一，车4退1，帅五进一，马8进6，帅五平四，卒7进1，黑胜。

④…… 　　车4进3 　　⑤帅五进一 　车4平5

⑥帅五平四 　车5平6 　　⑦帅四平五 　车6平4

⑧相七进九 　马8进6 　　⑨车七平四 　马6进7

红方如改走车七平八，则马6进7，帅五进一，车4平5，帅五平四，卒7平6，帅四退一，车5平6，黑胜。

⑩相三进五 　后马进6 　　⑪炮五平八 　炮5平2

黑方多子占势，胜定。

【第19局】

如图8-19，黑方先行。这是全国象棋团体赛中郑太义对黄勇弈成的形势。双方仅兑一炮，刚进入到中局，黑方突施冷箭，弃车杀仕，演成精彩杀局，令人叫绝！

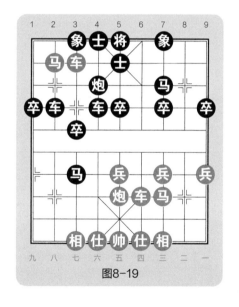
图8-19

①…… 　　车4进6

黑方弃车杀仕，实出对方所料，是迅速入局的精妙着法！

②帅五平六

红方如改走帅五进一，则车2进5，黑胜。

②…… 　　马3进2

至此，红方认负。以下如续走帅六平五，则马2退4，帅五进一，车2进5，黑胜。又如改走帅六进一，则马2退4！帅六进一，车2平4，也是黑胜。

【第 20 局】

如图 8-20，红方先行。这是全国象棋个人赛中张影富对侯昭忠弈成的形势。双方各自的六大子俱在，形成红方双车捉黑方双炮，黑方双炮捉红方双车的场面。实战中红方审时度势，施以弃车换双士的手段，取得强大攻势，判断十分准确。

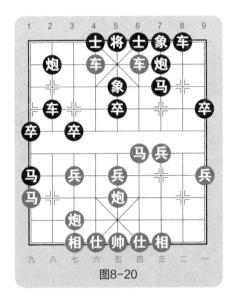

图8-20

① 车四进一

红方弃车砍士，有胆有识！

① ……　　　将 5 平 6

② 车六进一　将 6 进 1

③ 炮七平四　将 6 平 5

黑方如改走马 7 进 6，则马四进六，黑方亦难应。

④ 马四进六

红方跃马过河，伏有马六进七和马六进四的双重手段。黑方虽净多一车也难以招架。

④ ……　　　象 5 退 3　　⑤ 马六进七　将 5 进 1

⑥ 马七退六　将 5 退 1　　⑦ 马六进四　将 5 进 1

⑧ 兵五进一

红方进中兵助攻，紧凑有力，正中黑方要害！

⑧ ……　　　车 8 进 7　　⑨ 兵五进一　车 8 平 5

⑩ 相七进五

黑方主将不安于位，难以抵挡红方车马炮兵的凌厉攻势，遂停钟认负。

【第 21 局】

如图 8-21，红方先行。这是全国象棋团体赛中柳大华对尚威弈成的形势。黑方双车炮已成杀势，危急时刻，红方突施妙手化解，最终以多兵的优势取得胜利。

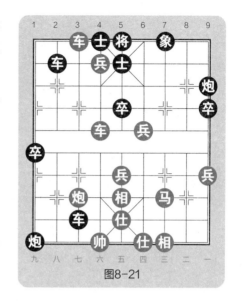

图8-21

①车七平六

红方弃车杀士，解围妙手！

①……　　　士 5 退 4

②炮七进七　车 3 退 8

黑方退车无奈，如改走士 4 进 5，则兵六进一，双将杀。

③兵六进一　将 5 进 1

黑方如改走车 3 平 4，则车六进四，将 5 进 1，马三进二，炮 9 平 2，马二进一，红方可捷足先登。

④兵六平七　炮 9 退 1　　　⑤兵四进一　车 2 平 4

⑥车六进三　炮 9 平 4　　　⑦兵四平五　卒 1 平 2

兑车后，形成红方马四兵仕相全对黑方双炮双卒单象的残局，红方实力雄厚，较易取胜。

⑧马三进二　卒 9 进 1　　　⑨马二进三　卒 2 进 1

⑩马三退一　卒 2 平 3　　　⑪马一进二　卒 3 平 4

⑫帅六平五　象 7 进 9　　　⑬马二退四　将 5 平 6

⑭前兵进一　炮 4 平 2　　　⑮帅五平六　卒 4 平 5

⑯马四进二　将 6 退 1　　　⑰兵七平六　炮 1 退 8

⑱兵五平四　炮 2 平 4　　　⑲兵一进一

黑方双炮不能离线，红方一路兵长驱直入即可获胜，黑方也不再做无谓的挣扎，主动认负。

【第22局】

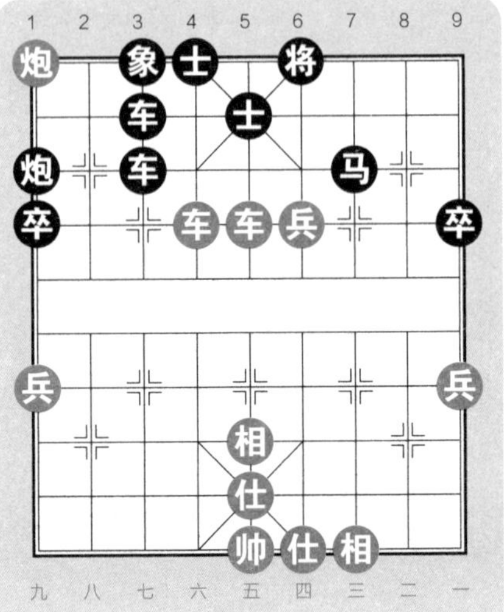

如图8-22，红方先行。这是全国象棋甲级联赛中赵国荣对万春林弈成的形势。此时红方弃子攻杀，黑方全力防守。红方该如何进攻才能取胜呢？

①车五进二

红方弃车大胆穿心，突破黑方苦心经营的防线，惊天之妙手！

①……　　　　后车平5

黑方如马7退5，则车六进三，将6进1，车六平四，红胜。

②车六进三　将6进1　　③车六平三

红方平车叫杀，左右夹击，极妙！

③……　　　　车5退1

献车无奈！黑方此时徒有双车马炮却难解红方车炮兵的攻势。如象3进5，则兵四进一！将6进1，车三退二，将6退1，车三进一，将6退1，车三平五红方也是胜局。

④车三退一　将6退1　　⑤车三进一　将6进1

⑥车三平五　马7进8　　⑦车五平六

红方也可车五平二叫杀，则马8退6，车二平四，将6平5，车四退三，红方胜定。

⑦……　　　　将6平5　　⑧帅五平六　象3进5

黑方如改走马8退6，则车六平五，将5平6，车五平四，将6平5，车四退三，红方胜定。

⑨车六退一　将5退1　　⑩车六进一　将5进1

⑪车六退一　将5退1　　⑫兵四进一　马8退6

⑬车六平八　象5进3　　⑭兵四进一　车3平4

⑮帅六平五　将5平4　　⑯车八进一　将4进1

图8-22

⑰ 车八退三

红方兵临城下，黑方见难以防御，投子认负。

【第 23 局】

如图 8-23，红方先行。这是全国象棋甲级联赛中洪智对金松弈成的形势。红方虽然仕相尽失，但红炮镇住中路，子力已成合围之势。实战中红方舍车砍士，一气呵成演成杀局。

① 车四进五

红方弃车砍士破除对方防线，是迅速入局的巧妙之着。

① ……　　　炮 3 平 6

② 兵六平五　将 5 平 4

③ 兵五进一　将 4 进 1

④ 车三进一（红胜）

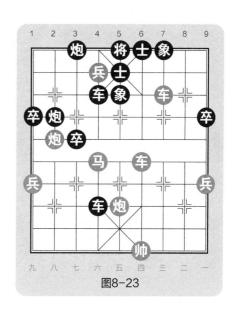

图8-23

【第 24 局】

如图 8-24，红方先行。这是第二届楚河汉界世界棋王赛中王天一对徐超弈成的形势。红方虽多一子，但车马炮困于一隅，此时黑方双车夺马，红方似难有作为。实战中红方审时度势，设计出一条不易觉察的取胜之路。

① 车四平六

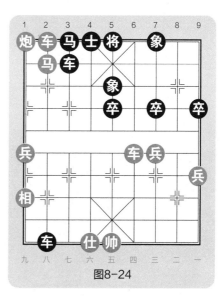

图8-24

红车瞄士意味深长，精妙之着！

①…… 　　　　车2退8

黑方如车3平2，则炮九平七，红方大优。

②车六进五！将5进1

红方弃车砍士，着法犀利！黑方如将5平4，则车八退一，马3进1，车八平七，黑方双车尽失。

③车六平五！将5平6 　　　④炮九退一！

红方妙手送出，黑方认负。以下黑方只能车2平1吃炮，则车八退六绝杀，红胜。

【第25局】

如图8-25，红方先行。这是全国象棋甲级联赛中李学淏对王昊弈成的形势。双方子力犬牙交错之时，红方敏锐捕捉到战机，弃车砍士，迅速入局。

①前车进一

红方车砍底士，着法凶狠！

①…… 　　　　士5退6

②马一进三　将5平4

③车四进五　将4进1

④车四退一

红方退车将军，制胜点杀。

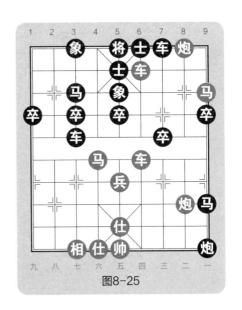

图8-25

④…… 　　　　马3退5 　　⑤车四平五　将4进1

黑方如将4平5，则炮二退一，马后炮杀。

⑥前炮退二

黑方有象无处飞，被闷杀，红胜。